AUS LIEBE ZUM LANDLEBEN

Gutes Brot

Danksagung

Dank an Withi, meine größte Stütze im Alltag!

Dank meinen Bäckermeisterfreunden Jakob Itzlinger und
Rudi Lenzenhuber für Eure Geduld!

Dank Dir Astrid, dass Du immer mit Deiner Kamera zur Stelle bist,
wenn ich verzweifelt nach einem Bild rufe!

Dank all meinen Freundinnen und Freunden hier in Rauris und in aller
Welt, meinen Wegbegleitern, die bereit waren mit mir wunderschöne,
steile, schmale, oft einsame Pfade zu gehen, die letzten Endes bis hierher
zu diesem Buch führten.

AUS LIEBE ZUM LANDLEBEN

Gutes Brot

Genuss und Lebensfreude
mit einer einfachen Delikatesse

von
Roswitha Huber

Dort-Hagenhausen-Verlag

Inhalt

Vorwort

Im Jahr 1996 gründete ich meine „Schule am Berg". Dort versuche ich, Kindern und Erwachsenen die Entwicklung der Landwirtschaft näherzubringen und sie dafür zu interessieren, was sie täglich essen. Damals, 1996, suchte ich etwas, das wir gemeinsam herstellen könnten. Meine Schülerinnen und Schüler, egal ob jung oder alt, sollten damit reich an neuen Erfahrungen nach Hause gehen können. Es war das Brot, das ich fand und bei dem ich blieb. Brot führte mich seither in viele Länder Europas, nach Afrika, nach Nord- und Südamerika. Ich bin den unterschiedlichsten Menschen begegnet, Frauen wie Männern, die das Eine immer miteinander verband: Sie backten ihr eigenes Brot.

Brotbacken erfordert Wissen, es ist Handwerk und Kunst. Man braucht Gespür für diesen sensiblen und zeitintensiven Vorgang. Dann kann er Glücksgefühle auslösen.

Kalchkendl

Vom *Fladen* zur *Delikatesse*

Vom Fladen zur Delikatesse

Ein Fladen besteht in seiner einfachsten Form aus Mehl, Wasser und ein wenig Salz. Weil der Fladen ganz flach ist, kann er ohne Triebmittel gebacken werden. Wie wird nun aber aus Mehl, Wasser und Salz eine Delikatesse? Wenn es gelingt, die Zutaten im richtigen Verhältnis zueinander zu mischen, sie gefühlvoll zu kneten und hauchdünn zu formen, dann sind die wichtigsten Schritte zur Delikatesse schon getan. Kunstfertig gebacken und dann frisch aus dem Feuer mit flüssiger Butter oder Öl, mit feinen Gewürzen und Kräutern raffiniert verfeinert – so ist der Fladen fraglos ein ganz besonderer Leckerbissen. Ackerbauende Kulturen in aller Welt kennen Fladenbrote. Sie sind bis heute die am weitesten verbreitete Art, Brot zuzubereiten und dienen oft anstelle von Geschirr und Besteck als Unterlage und zur Aufnahme von Nahrung.

Brot in der Steinzeit

Der Beginn unseres Brotes liegt dort, wo Menschen begonnen haben, Samen bestimmter Gräser zu ernten und sie zu essen. Bislang haben Forscher angenommen, dass Menschen der frühen Steinzeit vorrangig von tierischer Nahrung lebten. Neuen Arbeiten zufolge verwerteten Menschen bereits vor 23 000 Jahren Getreide als Nahrungsquelle.

In einer steinzeitlichen Hütte der Ausgrabungsstätte Ohalo II in Israel fanden Forscher einen flachen Stein, der als Arbeitsfläche zum Mahlen von Getreide gedient haben soll. Laut Artikel in der Fachzeitschrift NATURE (2004) entdeckte man pflanzliche Reste auf einer ca. 21 cm langen und 16 cm tiefen Steinplatte. Ein Großteil der gefundenen Stärkekörner ließ sich als Wildgerste identifizieren. Gerste soll auch die erste Getreideart gewesen sein, die rund 12 000 Jahre später als Nutzpflanze kultiviert wurde. Verglichen mit anderen Gräsern hat Wildgerste relativ große Samen. Auch eine gut erhaltene Feuerstelle wurde in Ohalo II gefunden und liefert Hinweise darauf, dass unsere Vorfahren gebacken haben könnten.

Meine Reise nach Burkina Faso im Jahre 2001 war nicht nur eine Reise an einen anderen Ort, es war auch eine Reise in eine andere Zeit. In einem Dorf in der Nähe von Ouahigouya im Norden von Burkina Faso gab es eine kreisrunde, ca. 70 cm hohe Erhebung mit zwölf fest im Boden verankerten flachen Steinen. Frauen waren dabei, dort ihre Getreidekörner zu mahlen, zwischen zwei Steinen. Daneben lief ein Radio. 20 Kilometer weiter stand ein Computer und man benutzte mobile Telefone. Die Zeit der Festnetzanschlüsse war übersprungen worden, aber das Getreide wurde nach wie vor wie in einer sehr frühen Zeit vermahlen.

Brot in Ägypten

Die Ägypter gelten als die eigentlichen Erfinder unseres heutigen Brotes. Eines Brotes, wie wir hier in Mitteleuropa uns Brot vorstellen: mit einer mehr oder weniger lockeren Krume, hell oder dunkel, hoch, aufgegangen mithilfe eines Triebmittels wie Sauerteig, Hefe oder beidem. Demnach soll es „unser Brot" seit ca. 6000 Jahren geben, sich von Ägypten aus verbreitend. Die Ägypter sollen den Sauerteig, die Gärung, entdeckt, erkannt und als erstes Volk bewusst eingesetzt haben.

„… Sauerteig und Hefe entdeckten sie vermutlich im Zusammenhang mit dem Brauen. Backen und Brauen waren fast dieselben Arbeitsgänge; die Ägypter machten Bier aus großen halb gebackenen Brotlaiben. Bäckerei und Brauerei lagen stets nahe beieinander oder waren im selben Haus. ‚Brot und Bier' waren ein Synonym für ‚Nahrung'. Wichtig für ein ‚gegangenes' Brot ist auch die Verwendung von Getreide mit viel ‚Kleber' (Gluten), um den Sauerstoff im Teig festzuhalten und ihn nicht nutzlos entweichen zu lassen. Das trifft auf Weizen zu und auch auf Roggen – beides hatten sie. Die Ägypter reicherten ihren Teig bereits mit Ei, Fett oder Milch an, kannten Früchte- und Nussbrot, würzten mit Kreuzkümmel oder süßten mit Honig. Ein Papyrus nannte über 30 Namen für Brotsorten." So schreiben es Anne Dünnebier und Gert von Paczensky in ihrer *Kulturgeschichte des Essens und Trinkens*.

Brot im alten Rom

Jeder von uns kennt den Ausspruch: Brot und Spiele! Gib deinem Volk zu essen und unterhalte es. Beides hat heute nur eine andere Form. Doch Weizenbrot war schon im alten Rom begehrter als Brote aus anderen Getreidearten. Soldaten wurden bestraft, indem sie statt Weizenbrot Brote aus Gerste essen mussten. „Panis candidus" und „panis palatius" waren beide aus bestem feinen Weizen hergestellt und der Aristokratie vorbehalten. Das Brot des Volkes, „panis plebeius", bestand aus Mehl und Kleie. Es gab eigene Brote für Beamte und andere für Soldaten. Jeder Gesellschaftsschicht wurden ihre eigenen Brotsorten zugeschrieben.

Hartes, schweres, gehaltvolles Brot für die Armen (es hält lange satt), feines, weißes, ausgemahlenes Brot für die Reichen. Auch bei uns war das lange Zeit so und weißes Brot galt als Symbol für eine gute, eine reiche Zeit. Heute kehrt sich das um und wer auf sich hält, ernährungsbewusst einkauft und lebt, greift zum echten Vollkornbrot, dunkel und schwer. Heute weißes Brot zu essen, ist nichts Besonderes mehr und als Massenware ist es günstig zu haben. Die Römer gaben viele Jahrhunderte lang Brot kostenlos an die Bevölkerung aus, genauer gesagt an diejenigen, die Bürgerrechte besaßen, egal, ob sie arm oder reich waren. Frauen, Kinder und Sklaven hatten keine Bürgerrechte und profitierten nicht von dieser kostenlosen Speisung.

„… die Römer gewöhnten sich schnell an die tägliche Brotzuteilung, und auch als nicht mehr gewählt wurde, wagte kein Kaiser, sie abzuschaffen, obwohl sie den Staatshaushalt mehr und mehr belastete … Kaiser Augustus verfügte, dass diejenigen, die von ihrem Anspruch tatsächlich Gebrauch machen wollten, sich auf einer Tafel eintragen lassen mussten, die jeder einsehen konnte. Dadurch erreichte er, dass immerhin einige reiche Bürger ver-

zichteten, die nicht öffentlich als Sozialhilfeempfänger dastehen wollten …" (aus der *Kulturgeschichte des Essens und Trinkens*)

Den Berufsstand der Bäcker brachten die Römer im Laufe des 2. Jh. v. Chr. hervor. Bäcker waren gleichzeitig auch Müller. Die erste Berufsvereinigung der Weißbrotbäcker ist aus der Zeit von Kaiser Augustus (63 v. Chr. bis 14 n. Chr.) bekannt. Man kannte in Rom damals bereits zweistöckige Backöfen mit getrennten Back- und Feuerungsräumen. In Pompeji sind Brotbacköfen und Steinmühlen auch heute noch zu besichtigen.

Brot in den Alpen

Alpen, hohe Berge, sanfte Hügel, Gebirgszüge – das alles bedeutet klare Luft, sauberes Wasser, einen blauen Himmel und saftig grüne Weiden. Kuhglockengeläut … jedenfalls in den Werbeprospekten. Für die Bergbauern bedeutete es von jeher lange Winter, kurze Vegetationszeiten und schwer erreichbare Höfe. Almen, Bergmähder – steile Wiesenflächen im Hochgebirge – und eine schwierige Holzbringung. Im Gebirge zu leben, bedeutete Einsamkeit und viel Arbeit. Da wehte einem raue Luft um die Nase, in jeder Hinsicht.

Heute ist vieles leichter und einfacher geworden. Auch wenn ich versuche, die Zeit in meinem eigenen kleinen Paradies ein bisschen anzuhalten, so bevorzuge ich es doch, im Heute zu leben, anstatt in der Zeit der totalen Selbstversorgerwirtschaft, wo vom Hemd aus Flachs bis zur Lärchenschindel auf dem Dach beinahe alles aus eigener Hand kam. Von dem, was in Küche und Keller zu finden war, kam so gut wie gar nichts aus „fremden" Händen, sondern vom eigenen Grund und Boden: die Milch, das Getreide, das Fleisch, die Eier, Kartoffeln, Kraut und Rüben.

Wo Menschen mit Lebensmitteln sparsam umgehen mussten, ließ man das Brot alt werden. Frisches Brot – so sagte man – verursache Blähungen, wäre ungesund. Schon möglich, dass einer mit einem sehr empfindlichen Magen frisches Brot nicht gut vertrug. Aber der Hauptgrund dafür, das Brot alt werden zu lassen, war ein anderer. Mit frischem Brot bekommt man ganz einfach viel weniger Leute satt als mit altem, abgelegenen. (Warum gibt es noch immer keine Roggen-Altbrot-Diät? Eine Alt-Semmel-Diät ist mir schon bekannt …) Die Fragen „Wie bekomme ich euch alle satt?" oder „Bringe ich euch durch den Winter?" – durch diese lange Zeit, in der man vor einigen Jahrzehnten noch ganz auf seine Vorräte angewiesen war – stellt sich heute kaum noch jemand in unserer

Gesellschaft. Die Regale im Supermarkt sind jeden Tag voll, auch im Winter. In der Zeit unserer Großmütter war das noch anders, im Winter blieb man leicht hungrig. Vor allem im Gebirge. Gebacken wurde, je nach Größe und Sparsamkeit des Hofes, ca. alle drei bis acht Wochen. Dort, wo die Sparsamkeit am größten war, wurde bereits wieder gebacken, bevor das alte Brot gegessen war, damit man wirklich NIE frisches Brot auf den Tisch legen musste. Das war aber nicht in allen Häusern so.

Das Brot in den Alpen war nicht nur meist alt, es war auch ein schweres Brot. Roggen gedeiht in kargen Gegenden – und das sind die Gebirgsregionen – besser als der anspruchsvolle Weizen. Roggen ergibt schweres, lange haltbares Brot, besonders in Verbindung mit Sauerteig. Wer Weizen hatte, mischte Weizen dazu. Solches Brot war dann weniger schwer und fest.

Brot rund um das Jahr

Aufbewahrt wurde das Brot an einem kühlen Ort. Es kam in einen Brotschrank oder auf eine „Brotrem", die im Keller, in der Speisekammer oder auf dem Dachboden für Mäuse unerreichbar von der Decke hing. Schimmelbildung beachtete man einfach nicht oder man sagte: „Davon wirst du schön!"

In den Alpen gibt es heute kaum noch Getreideanbau. Äcker wurden zu Weiden fürs Vieh. Andere Regionen, die für den Einsatz großer Maschinen und Traktoren geeigneter sind, spezialisierten sich auf den Getreideanbau im großen Stil. Im Lungau, einem der fünf Gaue im Land Salzburg, einer Gegend, die bis zum Bau der Tauernautobahn immer ein bisschen im Abseits lag, haben einige wenige Bauern den Getreideanbau nie ganz aufgegeben. Ihr „Lungauer Tauernroggen" erfährt heute eine Art Renaissance. Einige Bauern bauen ihn nun wieder regelmäßig an und verhindern so, dass der Getreideanbau im Gebirge gänzlich verschwindet. Dabei geht es nicht nur um den Ertrag, um die tatsächliche Ernte. Mit dem Produkt Getreide würde auch das Wissen verschwinden, das man benötigt, um es in Mehl zu verwandeln: Düngen, Pflügen, Säen, Jäten, Ernten, Dreschen, Aufbewahren, Mahlen. Es verschwänden die Geräte, die Pflege, die Wörter. Sie verschwänden vor unseren Augen und wir bemerkten es nicht.

Mythos Brot

Brot ist Leben

Brot ist ein uraltes Lebensmittel, das schon die Ägypter kannten. Bei ihnen lernte das Volk Israel das Sauerteigbrot kennen. Die Bibel berichtet sowohl im Alten als auch im Neuen Testament darüber und beim jüdischen Passahfest wird noch heute ungesäuertes Brot gegessen, das ohne Hefe und ohne Sauerteig gebacken ist. So aßen die Nomaden es einst auf ihren Wanderungen durch die Wüste und so führten es die Juden bei ihrem Auszug aus Ägypten mit sich. Im Alten Testament spielt Brot noch eine andere Rolle: Der Bauer bringt es auf dem Altar des Herrn als Opfergabe und Dank für die von Gott geschenkte Ernte dar. Symbolisch ist das Brot eng mit Christus verbunden, der gesagt hat: „Ich bin das Brot des Lebens. Keiner der zu mir kommt, wird jemals wieder Hunger leiden, und niemand, der an mich glaubt, wird jemals wieder Durst haben." (Johannes 6,35)

Das Brot des Lebens

Auf dem Land hat der Symbolcharakter des Brotes als Zeichen für Lebenskraft noch großes Gewicht. Schon bei der Aussaat des Getreides wird manches Gebet gesprochen und jede Bäuerin macht, bevor sie es anschneidet, das Kreuzzeichen über oder an der Unterseite des Brotes, um göttlichen Schutz für das Lebensbrot zu erbitten. Im Vaterunser – „Unser tägliches Brot gib uns heute" – steht Brot sinnbildlich für alles, was wir Menschen zum Leben brauchen.

Süßes Brot spielt bei allen Familienfesten eine große Rolle. Torten und Kuchen, die für einen Geburtstag oder eine Hochzeit gebacken werden, kommen Geschenken gleich. An Neujahr versprechen Neujahrsbrot oder Neujahrsbrezel Segen für das ganze Jahr, und auch Ostern und Weihnachten sind ohne Brote und Plätzchen nicht denkbar. Wer eine neue Wohnung bezieht, bekommt von Freunden und Nachbarn Brot und Salz geschenkt, damit es ihm in der neuen Heimat nie an Wohlstand und Glück fehlen möge.

Brot für Passahfest und Abendmahl

In der jüdischen Tradition begann jede Mahlzeit mit dem Segnen, Brechen, Verteilen und gemeinsamen Essen eines Brotes und wurde mit dem Trinken aus dem „Segensbecher" beendet. Das christliche Abendmahl entspringt dieser Tradition. Ursprünglich brachten die Christen ihr alltägliches Brot zu den Gottesdiensten mit. Schon früh wurde es aber in besonderer Form gebacken und symbolisch gestaltet. Der Brauch, bei der Eucharistie Oblaten aus Weizenmehl und Wasser zu verwenden, entwickelte sich in der westlichen katholischen Kirche im 9. Jahrhundert, in vielen anderen christlichen Kirchen feiert man das Abendmahl bis heute mit ungesäuertem Brot. Der gewandelten Hostie (lateinisch hostia: Opfertier, Schlachtopfer) wird von den Gläubigen höchste Ehrerbietung entgegengebracht. Sie wird im Tabernakel aufbewahrt und dient auch der stillen Anbetung.

Matze, das ungesäuerte Brot der Juden, ist ein dünner Brotfladen, der während des Passahfestes gegessen wird. Matze wird aus Wasser und einer der fünf Getreidearten Weizen, Roggen, Gerste, Hafer oder Dinkel gefertigt. Das Brot wird zur Erinnerung an den Auszug aus Ägypten gegessen. Die Herstellung koscherer Matze für das Passahfest unterliegt strenger rabbinischer Aufsicht: Jeder verfrühte Kontakt des geernteten Getreides oder des Mehls mit Wasser oder einem anderen Säuerungsmittel muss streng vermieden werden. Die gesamte Herstellung vom Mischen des Mehls mit Wasser bis zum Backen darf nur 18 Minuten dauern.

Brot für die Welt

Wer kennt nicht die Aktion "Brot für die Welt"? Hier geht es, wie so oft beim Brot, um viel mehr als um bloße Nahrung. 1959 von der evangelischen Landeskirche und von Freikirchen in Deutschland gegründet, soll „Brot für die Welt" eine dauerhafte Ausdrucksform der Dankbarkeit sein für alle Hilfeleistungen, die Deutsche nach dem Zweiten Weltkrieg von Christen aus aller Welt empfangen haben. Diese Unterstützung, das sinnbildliche „Brot aus der Welt" sollte sich zum „Brot für die Welt" wandeln. Schwerpunkt der Aktion ist heute neben der Katastrophenhilfe die Unterstützung von Entwicklungshilfemaßnahmen in Asien, Afrika und Lateinamerika. Die unterstützten Projekte dienen in erster Linie der Hilfe zur Selbsthilfe und setzen bei der Eigeninitiative der Empfänger an. Ein Großteil der Projekte ist medizinischer Art oder dient der beruflichen Bildung. Gesund zu sein und für sein täglich „Brot" selbst sorgen zu können – was für ein Geschenk!

Feuer &
Korn

Das Feuer zähmen

Immer versuchen wir, das Feuer zu „zivilisieren“, Feuer wird durch andere Energiearten ersetzt, Kinder müssen davon ferngehalten werden. Dabei schenkt Feuer auch Wärme, Licht und Entwicklung. Die Fähigkeit, ein Feuer zu entfachen, brachte dem Menschen erst das Kochen, Garen und Räuchern von Nahrung und bot Schutz vor Raubtieren und Insekten. Das Feuer hat den Menschen erst zu dem gemacht, was er heute ist. Wer jemals versucht, selbst ein Feuer zu entfachen, ohne Hilfsmittel wie Streichholz, Feuerzeug oder Grillanzünder, der wird spüren, wie schöpferisch und intensiv diese schwere Arbeit ist. Wirklich gutes Brot braucht zum Backen ein loderndes Feuer. Dafür gibt es keinen gleichwertigen Ersatz.

Was lange währt, wird richtig gut

Für gutes Brot ist eine ruhige Backatmosphäre von großer Bedeutung. Je ruhiger und konstanter die Backatmosphäre, umso besser die Entwicklung des Brotes (durchaus übertragbar: Je ruhiger und konstanter die Atmosphäre ist, in der ein Kind aufwachsen darf, umso besser seine Entwicklung).

Die ruhigste Backatmosphäre gibt ein mit Holz direkt befeuerter Backofen. Dort wird das Brot ausschließlich mit der in den Steinen gespeicherten Hitze gebacken. Stunden vorher wird der Ofen angeheizt, dann sauber gemacht, ausgewischt und das Brot wird in den Ofen „eingeschossen".

Drei Arten von Hitze wirken dort auf das Brot ein.
1. Die Übertragungshitze: Das Brot liegt auf den Steinen, die Hitze fließt direkt vom Stein in das Brot, von unten.
2. Die Strahlungshitze: Das gemauerte Gewölbe strahlt Hitze ab, auf das Brot rundherum.
3. Heißluft: Das Brot wird gebacken durch die heiße Luft, die im Backraum steht.

Der Holzbackofen

Ein Holzbackofen ist ein mit Holz direkt oder auch indirekt befeuerter Backraum. Unterschiedliches Holz gibt unterschiedliche Hitze und auch unterschiedliche Duftstoffe ab. Wir bekommen so gut wie nie Gelegenheit, nebeneinander Brot zu verkosten, das aus Feuern von verschiedenen Hölzern stammt. Wenn man Fichte, Buche, Eiche, Lärche, Föhre, Olivenholz oder Weinreben nebeneinander verbrennt, dann riecht man unterschiedliche Düfte. Und dieser Duft ist im Brot spürbar. Bei den Bauern wird immer das Holz verwendet, das verfügbar ist. Von großem Vorteil ist es, wenn man Holz hat, das immer gleich lang gelagert worden ist, von gleicher Größe und Baumart. Dann kann man auch mit immer gleich hohem Brennwert rechnen, das erleichtert die Arbeit sehr. Das Schwierigste am Backen im Holzofen ist, die richtige Temperatur zu erreichen und dafür gewinnt man mit immer demselben Holz die größte Sicherheit.

Hier ist die einzige Schilderung, die mir bekannt ist, in der von unterschiedlichen Holzarten bei einer Feuerung berichtet wird, sie stammt von Maria Schuster:
„ … Der gemauerte Backofen stand in der Gesindestube, der Einschuss war aber in der Küche. Die Moardirn musste in den Ofen kriechen, und jemand musste ihr von draußen das Holz hineinreichen. Die langen Lärchenscheiter wurden in der Mitte des Ofens

scheiterhaufenartig aufgeschichtet. Rechts und links davon wurden die Fichtenscheiter ebenso aufgestapelt, und um das Anbrennen zu erleichtern, kam unter jeden Stapel eine Handvoll Hobelspäne und einige Erlenscheiter …"

Bei einem Holzbackofen mit direkter Befeuerung, wo also das Feuer direkt im Backraum angezündet wird, ist es notwendig, den Ofen ein zweites Mal anzuheizen, wenn man mehrmals hintereinander an einem Tag backen will. Das kostet ziemlich viel Zeit und Energie, deshalb findet man diese Art von Öfen kaum in kommerziellen Bäckereien. Die Stückzahl, die man damit produzieren könnte, wäre einfach zu niedrig.

Feuer rundherum

Holzbacköfen mit indirekter Befeuerung, d. h. das Feuer streicht rundherum und erwärmt den Backraum von außen und nicht von innen, sind effizienter. Es erspart das Reinigen des Backraumes vor jedem „Einschießen", dadurch kann der Backofen mehrmals hintereinander mit Broten bestückt werden, ohne dass man durch langes Warten Zeit verliert.

Auch wenn die Hitze nicht dafür reicht, zweimal hintereinander Brot einzuschießen, so kann sie dennoch für vielerlei anderes verwendet werden: zum Trocknen von Obst und Kräutern, zum Backen flacher Kuchen oder Pizzas (pizzaähnliche Fladen gibt es überall dort, wo Restwärme genutzt wurde in Holzbacköfen, nur nicht immer mit Tomaten und Salami, sondern mit saurer Sahne, Zwiebeln, Speck … oder süß mit Äpfeln, Zwetschgen, Birnen – schade, dass sich nur die Pizza durchgesetzt hat). Auch ganze Braten – egal ob vom Schwein, Kalb, Hirsch oder Rind – lassen sich mit der Restwärme noch sagenhaft gut zubereiten. Sechs Stunden mindestens braten sie langsam und bei niedriger Temperatur vor sich hin.

Wenn auch der Braten wieder aus dem Backraum genommen wurde, dann kommt das Holz fürs nächste Mal Backen hinein, auf dass es schön trocken ist und gleich anbrennt am nächsten Backtag.

Backmalz – eine andere Verbindung aus Feuer und Korn

In früheren Jahren, als Getreide nicht so selbstverständlich über eine hohe Backfähigkeit verfügte, wurde zur Verbesserung minderer Mehlqualität oft Malz eingesetzt. Das im Handel angebotene Mehl in Kleinmengen ist vom Müller bereits so gemischt, dass es beim Backen keinerlei Schwierigkeiten geben wird. Bei

der Malzproduktion wird Getreide zuerst gereinigt, dann wird es drei bis fünf Tage in Wasser eingelegt, zum Aufquellen. Es folgt das Mälzen. Die Weizenkörner bzw. die Gerstenkörner beginnen zu keimen. Während des Keimvorgangs wird Stärke in Zucker umgewandelt. Der Keimvorgang wird unterbrochen, sobald der Blattkeim groß genug ist. Jetzt wird das Grünmalz auf Darren gebracht und bei mäßiger Temperatur getrocknet. Es wird von seinen Keimwurzeln befreit und zu Malzmehl verarbeitet.

Mehr noch als für den Bäcker spielt die Malzproduktion für den Bierbrauer eine große Rolle. Nicht umsonst lagen Bäckereien und Brauereien im alten Rom nebeneinander. Auch Malzkaffee war früher weit verbreitet und sehr beliebt. Er gehört inzwischen der Vergangenheit an. Hier und da wurde versucht, ihn noch einmal zum Leben zu erwecken, aber so richtig gelingen wollte das nicht! Ade, Malzkaffee!

Hitze, Wetter & Wärme

„Glaubst du, es gäb' ein Sandkorn in der Welt, das nicht gebunden an die ew'ge Kette von Wirksamkeit, von Einfluss und Erfolg?"

Franz Grillparzer

Jeder Backtag ist anders

Kannst Du auch sagen, dass das Brot nicht immer gleich wird? Ich habe mittlerweile den Eindruck, dass die Luft und der Mond ebenfalls einen Einfluss auf das Gelingen des Brotes haben. Ich backe immer gemeinsam mit meinen zwei Schwestern. Jede von uns Dreien hat ihr eigenes Rezept und macht ihren eigenen Teig. Wenn das Brot bilderbuchmäßig wird, dann ist es bei allen Dreien so. Wenn aber die Laibe auseinanderlaufen und von der Optik nicht so schön sind, dann ist das ebenfalls bei allen Dreien so – das schrieb Gerti Hartmuth aus Ried in Bayern.

Liebe Gerti, so ist es! Nicht nur bei Dir und bei mir, sondern auch in den Brotfabriken werden computergesteuerte Maschinen umprogrammiert, um auf die Änderung der Außentemperatur zu reagieren. Der Einfluss des Mondes? Der Mond wirkt in allem, warum sollte er nicht auch in unserem Brotteig wirken?

Das richtige Klima schaffen

Die Außentemperatur bestimmt die Innentemperatur. All unsere Backutensilien nehmen die Wärme oder Kälte des Raumes an, in dem sie sich befinden. Die wiederum geben ihre eigene Temperatur weiter ab an das Mehl. Dass das Mehl gut temperiert ist, ist wichtig. Doch es ist nicht nur die Temperatur entscheidend, eine wesentliche Rolle spielt auch die Luftfeuchtigkeit. Die Enzymtätigkeit schwankt mit der Luftfeuchtigkeit. Die Enzyme arbeiten lieber, wenn es feucht ist, das spürt man.

Sauerteig und Hefe, beide sind voller Kleinstlebewesen. Sie beeinflussen Säuerung und Gärung und reagieren stark auf Temperaturschwankungen. Die moderne Backtechnik entwickelte sogenannte „Gärschränke". Hier kann die Temperatur genau eingestellt werden und so gelingt es, Gärungsprozesse anzuhalten. Die Vorbereitung vieler Frauen auf den Backtag begann früher mit dem Vorwärmen des Mehls. Die Küche wurde am Vorabend noch einmal extra gut geheizt, die Küchentür durfte ja nicht geöffnet bleiben über Nacht und alle Backutensilien waren ebenfalls angewärmt, denn kaltes Geschirr, kaltes Mehl oder ein kalter Backtrog nehmen dem Teig schon ein paar Grad seiner Wärme.

Auf Temperaturschwankungen kann man eingehen, indem man die Temperatur der Schüttflüssigkeit anpasst. Der Bäcker hat dafür eine Formel gefunden und die, die Formeln lieben, sollen sie benützen. Es ist ganz einfach:

Wenn Sie Hefebrot machen:

Die gewünschte Teigtemperatur (zwischen 24 und 28 °C) wird mit 2 multipliziert. Jetzt ziehen Sie die Temperatur des Mehls ab. Es bleibt die Temperaturangabe für Ihre Schüttflüssigkeit übrig.

Wenn Sie Sauerteigbrot machen:

Die gewünschte Teigtemperatur (zwischen 24 und 28 °C) wird mit 3 multipliziert. Jetzt ziehen Sie die Temperatur des Mehls und des Sauerteigs ab. Es bleibt die Temperaturangabe für Ihre Schüttflüssigkeit übrig.

Sollten Sie zu den Menschen gehören, die auch ohne Zahlen leben können, dann passt für Sie vielleicht das besser: Vergleichen Sie den Hefeteig mit einem Menschen. Wenn es uns Menschen zu kalt ist, dann frieren wir und ziehen uns zusammen. So macht es auch der Hefeteig. Wenn es uns Menschen zu heiß ist, dann werden wir schlapp, bewegen uns nicht mehr und lassen alles hängen. Genauso ergeht es den vielen Bakterien in unserem Hefeteig.

Zu bedenken ist auch Folgendes: Stark erhitztes oder gekochtes Wasser ist weich und sauerstoffarm und deshalb zur Teigbereitung nicht gut geeignet! Die Schüttflüssigkeit sollte nie über 40 °C warm sein!

Bei Holzbacköfen spielen Wetter und Außentemperatur noch einmal eine besondere Rolle, da sich diese Öfen eher selten im Haus befinden, sondern meist draußen. Im Winter, wenn das Gemäuer des Ofens kalt und nass ist und der Ofen völlig ausgekühlt, dann braucht schon das Aufheizen des Ofens viel länger als an sonnigen, warmen Tagen. Ob der Ofen noch warm ist vom letzten Backtag, auch das fällt ins Gewicht. Meinen eigenen Ofen heize ich im Sommer drei Stunden vor dem „Einschießen" der Brote an. Im Winter jedoch braucht es fünf bis sechs Stunden Zeit, bis er die nötige Temperatur erreicht hat.

Das Innere des Ofens, das nach dem Anheizen stark verrußt und völlig schwarz ist, muss weiß werden. Der Ruß muss verglühen. So ein Ofen reinigt sich sozusagen bei jedem Backvorgang selbst, jedes Mal. Heute gibt es Elektroherde zu kaufen, die ein System besitzen, mit dem sie sich selber reinigen können und alle Rückstände fast restlos verbrannt werden. Der Holzofen, diese Uraltform eines Backofens, macht dies bei jedem Backvorgang von selbst!

Brotbacken an Fruchttagen gelingt besonders gut! Zunehmender Mond zum Brotbacken ist besser als abnehmender Mond!

Getreide, Mehle, Zutaten & Gewürze

Weniger ist mehr

Vor einigen Jahren war ich zu Gast auf dem „Bauern-herbstfest" der belgischen Stadt Mechelen. Mit üblicher Folklore machte man farbenfroh Werbung für unser schönes Land, drei Tage lang. Ich war neben Schuhplattlern und Volksmusikgruppen mit meinem Backofen dabei. Viele Besucher kamen, ich backte Brot, und noch bevor die Veranstaltung zu Ende war, war auch das Mehl zu Ende. Es war Sonntag und die Geschäfte hatten geschlossen. Eine nette Dame bot sich an, mit mir zu einem befreundeten Bäcker zu gehen. So sah ich zum ersten Mal eine Bäckerei ohne Mehl. Es gab dort einfach keines! Keinen Weizen, keinen Roggen, keine Mühle, kein Stäubchen Mehl. „Sie haben wirklich kein Mehl?" – „Nein, aber das hier können Sie haben! Da ist schon alles drin. Sie brauchen nur noch Wasser dazuzugeben!"
In Frankreich darf sich nur ein Bäcker, der sein Brot von Hand macht, „Boulangerie Artisanale" nennen. Es wäre schön, wenn es überall schon von außen sichtbar wäre, ob hier der Bäcker seinem Wissen und Handwerk oder der Technik und Chemie vertraut.

Mehltypen

Das Mehl wird nach Aschezahl in Mehltypen unterteilt. Aschezahl bedeutet: Das Mehl wird bei ca. 900 °C verbrannt. Die nicht brennbaren Mineralstoffe des Getreidekorns, die in der Schale enthalten sind, bleiben als Asche übrig. Wenn nun 100 kg Mehl verbrannt werden und ca. 450 g Asche übrig bleiben, dann hat dieses Mehl die Typenbezeichnung 405 (Österreich: Typ W 450). Wenn bei der Verbrennung von 100 kg Weizenmehl 600 g Asche zurückbleiben, dann lautet die Bezeichnung 550 und das sagt uns, dass mehr Schalenanteile darin enthalten sind als im Mehl mit der Type 405. Je höher die Typenzahl, umso mehr ist vom ganzen Korn enthalten, umso höher ist der Mineralstoffgehalt im Mehl und umso dunkler und reicher ist es. Folgende Mehltypen sind die wichtigsten (die Typenbezeichnung ist von Land zu Land unterschiedlich):

Weizenmehl

Weizenmehl (oder Weizenauszugsmehl) Type 405 ist das in Deutschland am häufigsten gekaufte Mehl, Weizenmehl Typ W 700 (Deutschland: Type 550) wird in Österreich am häufigsten verwendet. Dabei unterscheidet man in Österreich noch zwischen glatt und griffig, Grieß und Universalmehl. Der in Deutschland bekannte Begriff „Dunstmehl" entspricht dem Begriff „griffig", dahinter steckt ein gröberer, griffigerer Mahlgrad. Man kann dieses Mehl zwischen den Fingern „greifen" und verwendet es zur Herstellung von Teigwaren und Nudeln aller Art.
Das typische Mehl zum Backen von Weizenbrot ist das Weizenbrotmehl Type 1050 (Österreich: Typ W 1600). Für Weizenvollkornmehl wird das ganze Korn zu feinem Mehl vermahlen, Weizenvollkornschrot enthält das ganze Korn, ist aber grob vermahlen. Kleie oder Grahamschrot sind die vermahlenen Randschichten.

Roggenmehl

Beim Roggenmehl (oder Vorschussmehl bzw. Weißroggen) wird am häufigsten Type 815 (Österreich: Typ R 500) verbacken. Das beliebteste Mehl für Roggenbrot ist in Österreich Typ R 960 (Deutschland: Type 997), in Deutschland Type 1150. Das Schwarzroggenmehl (Österreich: Typ R 2500) ist sehr dunkel.
Was sagt uns die unterschiedlich häufige Verwendung von Mehltypen in Deutschland und Österreich? Sie sagt uns, dass die deutschen Bäcker das hellere vom hellen Mehl für ihre Brötchen bevorzugen und beim Brot lieber das dunklere vom dunklen Mehl verbacken. Bäcker können sich bei ihrem Müller übrigens auch ihre eigene Mehltypen bestellen.

SO VIELE TYPEN — SO VIELE MEHLE!

Getreidesorten

Weizen

Die weltweit am häufigsten zum Brotbacken verwendete Getreideart ist der Weizen. Der Weizen braucht beim Anbau viel Licht und Wärme sowie gute Bodenqualität. In den Gebirgsregionen wurde zwar auch Weizen angebaut, aber in regenreichen Sommern konnte er nicht genügend ausreifen und war damit schlechter backfähig.

Wie bei fast allen Pflanzen gibt es auch beim Weizen viele verschiedene Untersorten. Heutige gängige Weizensorten sind mit den Sorten von vor einigen Jahrzehnten nicht mehr vergleichbar: der Ertrag pro Ähre und Hektar, die Höhe der Halme, die Größe der Körner. 97 Prozent des heute verwendeten Weizens auf der Welt, sind mittlerweile reduziert auf nur drei verschiedene Sorten.

Weizen hat einen hohen Eiweiß- und Vitamin-B-Gehalt, er ist leicht verdaulich. Auf Grund seines hohen Klebereiweißgehaltes hat er eine hohe Backfähigkeit und ist sehr gut geeignet für die Herstellung von Brot, Kleingebäck, Kuchen und Torten aller Art. Aus Hartweizen werden Nudeln und Grieß erzeugt.

Triticale

Triticale ist eine relativ neue Getreidesorte und ist tatsächlich eine Kreuzung von Roggen und Weizen. Er lässt sich sehr gut verbacken.

Gerste

Gerste ist in erster Linie ein Futtergetreide und wird zum Bierbrauen verwendet. In früheren Zeiten bildeten Brauerei und Bäckerei oftmals eine Einheit oder lagen nicht weit voneinander entfernt. In unserer derzeitigen Brotlandschaft spielt die Gerste keine Rolle mehr. Allerdings erzählte mir eine Bäuerin aus Oberösterreich, dass vor dem Ersten Weltkrieg in ihrem Elternhaus während der Woche Gerstenbrot und nur an Sonntagen Roggenbrot auf den Tisch kam.

Hafer

Klara Früh aus dem Ahrntal in Südtirol gibt in ihr Brot immer auch einen Teil Hafermehl. Hafermehl ist dort in jeder Mühle erhältlich. Aus reinem Hafermehl ist es nicht möglich, Brot zu backen. Es hat keinen Kleber und quillt nicht auf. Haferflockensemmeln werden im Handel häufig angeboten, diese enthalten jedoch kein Hafermehl.

IM UHRZEIGERSINN:
GRÜNE GERSTE, WEIZEN, HAFER, ROGGEN

Dinkel und Grünkern

Dinkel ist eine alte Weizenart und stammt aus Südwestasien. Er war bis ins 20. Jahrhundert bei uns weit verbreitet. Grünkern ist ein in der Milchreife geernteter und anschließend gedörrter Dinkel. Dinkel hat einen besonders hohen Eiweißgehalt, ist reich an Vitaminen, Mineralstoffen und an ungesättigten Fettsäuren. Dinkel muss mehrfach entspelzt werden. Für den Bauern bedeutet das einen höheren Arbeitsaufwand bei gleichzeitig geringerem Hektarertrag, weil Dinkel Dünger schlecht verträgt. Heute gibt es bereits viele mit anderen Weizensorten gekreuzte Dinkelarten, sodass man bei der Bezeichnung Dinkel immer vorsichtig sein muss: Dass es sich tatsächlich um reinen Dinkel handelt, ist beim „Dinkel" keineswegs sicher.

Wenn Dinkelteig zu lange und zu stark geknetet wurde, wird das Brot leicht bröselig. Das passiert allerdings nur, wenn man den Teig mit der Maschine knetet, Hände und Arme würden streiken, bevor es soweit ist. Die Renaissance des Wissens der Hildegard von Bingen machte in den letzten zwei Jahrzehnten den Dinkel in unseren Breiten wieder bekannt. Lange hatte man vom Dinkel gar nichts mehr gehört.

Roggen

Roggen ist DAS Getreide für dunkles Brot. Es stammt aus Kleinasien und soll als Unkraut mit dem Emmer (einer alten Weizenart) nach Europa gekommen sein. Roggen enthält viele B-Vitamine und wertvolle Mineralstoffe, er ist wenig anspruchsvoll, was die Bodenqualität betrifft, und hat sich deshalb zum Getreide der ärmeren Gegenden entwickelt. Aus Roggen gebackenes Brot ergibt ein schweres, dunkles, lange haltbares und saftiges Brot mit hohem Sättigungsgrad. Kein Wunder, dass Roggenbrot zum Brot der einfachen Leute wurde!

Roggen ist schwer zu verdauen. Deshalb wird er gern mit Sauerteig verbacken: Das Durchsäuern des Roggenteiges mit Hilfe von Sauerteig kommt einer Art „Vorverdauung" gleich.

Roggen braucht Sauerteig, damit alle Inhaltsstoffe des Roggens zur Wirkung kommen können. Nur mit Roggen und Hefe als Triebmittel, ohne Zugabe von Weizen, kann kein Brot gebacken werden. Es gibt kein reines Roggen-Hefe-Brot, denn es wäre klebrig und speckig. Reines Roggen-Sauerteig-Brot allerdings zählt heute zu den wenig verbreiteten, schwierig erhältlichen Brotspezialitäten.

Brotgewürze

Anis, Fenchel, Kümmel und Koriander gelten als die am häufigsten verwendeten Brotgewürze unserer Roggenbrotregion. Das bedeutet aber nicht, dass man sie in jedem Roggenbrot findet! Geschmäcker unterscheiden sich stark bei der Beigabe von Gewürzen. Die einen lieben Kümmel, die anderen mögen ihn gar nicht. So ist es auch mit allen anderen Gewürzen, der eine mag's, der andere mag's eben nicht. Würzen hat viel damit zu tun, woran wir von Kind an gewöhnt wurden. Auch ohne jedes Gewürz muss gutes Brot gut schmecken!

Ein Kind fragte mich einmal: „Darf ich Pfeffer ins Brot geben?“ Ich sagte: „Nein, Pfeffer ist eigentlich kein Brotgewürz.“ Ich kam nach Griechenland und siehe da, Marina würzte ihr Brot unter anderem auch mit Pfeffer!

Mit dem richtigen Maß

Gewürze

können als ganze Samen oder gemahlen in den Teig kommen. Man kann sie zwischen zwei Steinen reiben, im Mörser stoßen, in einer alten Kaffeemühle per Hand, in einer elektrischen Kaffeemühle mahlen oder sie gemeinsam mit dem Getreide durch die Getreidemühle lassen. Sobald sie gemahlen sind und nicht sofort in den Teig kommen, sollten sie ins Wasser gelegt werden, damit sich die ätherischen Öle nicht verflüchtigen.

Mein Handmaß ist ein EL gemahlenes Gewürz für ein Kilogramm Brot. Das ist ein Maß, bei dem das Gewürz den Brotgeschmack nicht überdeckt, aber deutlich spürbar da ist.

Anis

regt die Drüsen im Magen-Darm-Trakt an. Dieser Geschmack ist uns eher aus der Weihnachtsbäckerei und von der Lakritze (da wird Anis beigemengt) bekannt. Manchen ist Anis zu süß im Brot. Anis wurde schon in der Antike als Gewürzpflanze verwendet, sogar zum Würzen von Wein.

Fenchel

wirkt beruhigend auf den Magen-Darm-Trakt. Gut bekannt ist er bei uns als beruhigender Tee für Babys. Als Brotgewürz ist Fenchel vor allem in Österreich und Süddeutschland beliebt.

Kümmel

wirkt appetitanregend, krampflösend und unterstützt die Verdauung. Bis vor 40 Jahren wurde Kümmel bei uns nicht gekauft, sondern auf den Feldern geerntet. Heute werden die Felder öfter als zweimal gemäht und er reift vor dem zweiten Schnitt nicht aus. Kümmel ist das am häufigsten verwendete Brotgewürz und wird in ganz Europa kultiviert.

Koriander

ist mein absolutes Lieblingsgewürz! Auch „Brotkügerl" genannt, wirkt er krampflösend, appetitanregend, fördert die Verdauung.

Brotklee

lernte ich bei Klara Früh im Ahrntal kennen. Sie baut ihren Brotklee – ohne den ihre „Breadlan" unvorstellbar wären – selber an, trocknet ihn und dann wird er fein verrieben. Auch der Stängel.

Schwarzer Pfeffer, Muskat, Mastika, Zimt-stangen und Gewürznelken

und von all dem nicht wenig – so sieht Marina Tsambanakis Gewürzmischung aus. Alles kommt in einen großen Mörser und wird dort in mühseliger, langer Arbeit sehr fein gestoßen.

Kräuter

Für Eigenkreationen kann man auch alle anderen getrockneten Gewürzkräuter verwenden, wie Rosmarin, Thymian, Lavendel, Petersilie, Liebstöckel, fein vermahlene getrocknete Pfefferminze und viele andere.

Weitere Brotbeigaben können sein: Sonnenblumen- und Kürbiskerne

Ein paar Stunden vorher im Wasser einweichen, dann entziehen sie dem Teig keine Flüssigkeit.

Leinsamen

sollten ebenfalls gewässert in den Teig kommen.

Weißer oder schwarzer Sesam

sehr feiner Geschmack, zur Verfeinerung von Kleingebäck; geröstet, geschält oder ungeschält erhältlich.

Nüsse

Alle Arten von Nüssen wie Walnüsse, Haselnüsse, Mandeln, Pinienkerne schmecken im Brot.

Getrocknetes Obst

Äpfel, Pflaumen, Aprikosen (probieren Sie ein paar Dörrzwetschgen im Roggenbrot).

Getrocknete Tomaten

sind sehr lecker!

Oliven

sind ein Klassiker.

Nicht zu vergessen gemahlenes Laub, Sägespäne, Stroh, Baumrinde, Erde … Derlei ist uns heute fremd. Es waren Mittel, um das letzte noch verbliebene Mehl zu „strecken", in die Länge zu ziehen, mehr daraus zu machen.

Vom Dunst zur Type und zum Teig

Vom Korn zum Brot

Vom Korn zum Brot ist es ein weiter Weg. Viele Menschen müssen dabei Hand anlegen, heute und damals, als das noch sehr mühsam war. Inzwischen gibt es nur noch wenige, die von der Aussaat bis zum Backen alles selbst machen, Arbeitsteilung und Spezialisierung haben die Brotherstellung vollkommen verändert. Sie ist einfacher geworden, ja. Aber sie hat auch viel verloren.

Zum Backen brauchen wir vermahlenes Korn. Im Wesentlichen unterscheidet man dabei zwischen Vollkorn- und Auszugsmehl, Schrot und Kleie. Ganz vereinfacht ausgedrückt besteht das Getreidekorn aus einer Schale (die den Mehlkörper schützt), dem Keimling (der das Korn zum Wachsen bringt) und dem Mehlkörper (in dem das feine weiße Mehl sitzt). So gesehen kann man bei einem Getreidekorn von der „intelligentesten Konservendose der Welt“ sprechen – es ist fähig, das nahrhafte Mehl über Jahrtausende zu konservieren.

Zu Hause säen, ernten und backen

Bis in die 50er Jahre hinein war es bei uns in den Gebirgsregionen üblich, das Getreide für den eigenen Bedarf selbst anzubauen, zu ernten, zu dreschen und meist sogar in der eigenen Mühle zu vermahlen. Auch hier auf dem Hof, auf dem ich heute „meine Schule" führe, war das so. Bis zum Jahr 1956 wuchs hier Getreide, es wurde hier gedroschen, in der zum Hof gehörigen Mühle vermahlen und hier zu Brot verbacken. Oder es diente als Futter für das Vieh. Einer nach dem anderen dieser Schritte wurde inzwischen aufgegeben. Andere Regionen spezialisierten sich ganz auf den Getreideanbau. Die Äcker wurden größer, ebenso der Einsatz von Technik, und damit einhergehend der Einsatz von Chemie.

Der 1917 geborene Anton Groder, vulgo Polzeggbauer, schilderte das so: „Bis 1954 bauten wir unser eigenes Getreide an, ich trug es auf dem Buckel zur Mühle ins Tal, mahlte es, trug es auf dem Buckel wieder herauf und wir machten damit unser eigenes Brot aus dem eigenen Getreide. Es folgten die Jahre, in denen wir Getreide kauften, mahlten und es zu Brot verbuken. Dann hörten wir auch mit dem Mahlen auf und wir begannen das Mehl zu kaufen, das wir für den täglichen Bedarf brauchten. Seit 1962 führt auf unseren Hof eine Straße und die Tradition, im Holzofen das eigene Brot zu backen, fand damit ein Ende."

Keine Frage, der alte Weg zum eigenen Brot war mühselig, aufwendig und nicht immer erfolgreich. War der Sommer schlecht, so war auch das eigene Getreide von schlechter Qualität. Eine Bäuerin sagte mir einmal: „Ich war so froh, als wir mit dem Getreideanbau aufhörten. Hast du eine Ahnung, was es bedeutet, ein ganzes Jahr lang mit schlechtem Mehl Brot backen zu müssen? Jetzt kauf' ich das Mehl und kann mich darauf verlassen, dass mein Mehl den richtigen Eiweißgehalt hat."

Heutzutage misst der Müller den Eiweißgehalt, mischt das Getreide von verschiedenen Bauern zusammen und erreicht dadurch eine optimale Qualität. Beim besten Mehl hat die Entwicklung aber leider nicht haltgemacht. Backmischungen sind heute angesagt. Das bedeutet: Gib Wasser dazu, knete, backe und frag nicht, was sonst noch drin ist.

FRISCH GEMAHLEN HAT MEHL EINEN
INTENSIVEREN GESCHMACK NACH GETREIDE.

Gehen, ziehen, kneten

Teig ist nicht gleich Teig

Beim Kneten erfolgt eine innige Vermischung der Rohstoffe und Zutaten. Je besser die Zutaten vorbereitet werden, umso leichter ist es, sie zu vermischen. Das Sieben des Mehls hatte früher neben dem Lockermachen auch noch andere Gründe. Es ging darum, Mehlwürmer und Steinpartikel herauszusieben und eventuelle Mehlklumpen aufzulösen. Heute wollen wir Sauerstoff ins Mehl bringen. Probieren Sie es aus, Mehl lässt sich gesiebt tatsächlich leichter weiterverarbeiten! Dass gesiebtes Mehl eine höhere „Teigausbeute“ bringt, spielt für den Hobbybäcker keine, für den Profibäcker durchaus eine wesentliche Rolle.
Über die Vorbereitung von Hefe und Sauerteig, die Berechnung der Teigtemperatur durch richtiges Temperieren des Wassers und des Mehls, gibt es in den Kapiteln „Sauerteig & Hefe“ sowie „Hitze, Wetter & Wärme“ weitere Informationen.

Jetzt geht es ums Kneten!

Das Kneten der Brotteige war die schwerste Arbeit in der Bäckerei und früher oft Ursache für Deformierungen des Skeletts wie z. B. Bäckerbeine und andere Krankheiten. Diese Zeiten sind vorbei, Knetmaschinen übernehmen diesen Teil der Bäckerarbeit. Knetmaschinen gibt es nicht nur für Großbetriebe, auch für den Haushalt werden sie angeboten. Allerdings habe ich oft schon das Gefühl bekommen, dass Menschen, die kleine Teigmengen bearbeiten wollen und sich dafür sofort eine Knetmaschine zulegen, nie wirklich die Freude am Teig, auch die Freude am Kneten erfasst hat! Es lässt sich schon allerhand hineinkneten in so einen Teig: Ärger und Stress kann man abbauen, Liebe hineinkneten, Sorgen verarbeiten, Probleme wälzen … wie wäre es mit einer Backtherapie? Spaß beiseite: Kneten beruhigt die Sinne, es erdet und macht den Menschen wieder ganz!

Die vielen Menschen, denen ich beim Brotbacken zugesehen habe, sie alle hatten sich im Laufe ihres Brotbäckerdaseins ihre eigene Art zurechtgemacht, wie sie ihren Teig handhaben. Das Maß, das Werkzeug, die Art zu kneten sind immer dieselben. Oft seit Generationen weitergegeben, vererbt.

Teige mit hohem Roggenvollmehlanteil werden besser im Backtrog oder in einer Schüssel verknetet. Der Roggenteig ist „kurz", lässt sich nicht ziehen, im Gegensatz zum „langen" Weizenteig, der sich ziehen und dehnen lässt und deshalb so wunderbar geeignet ist, um Kleingebäck, Flechtgebäck und Gebildbrote daraus zu machen. Bei den Mischformen (Roggen und Weizen gemischt) entscheidet die Festigkeit des Teigs, ob er besser auf dem Brett oder im Backtrog geknetet wird. Ich habe interessante Backtröge gesehen, die groß genug waren, um die einzelnen durchgekneteten Teiglinge an einer Seite des Troges ablegen zu können. Dass der Teig bei Riesenmengen auch mit den Füßen geknetet wurde, ist kein Märchen.

Die Walliser mit ihren sehr großen Mengen an Teig mischen Mehl, Wasser und Sauerteig erst einmal mit riesigen Backschaufeln durch. Der Trog steht auf dem Fußboden. Dann wird Klumpen für Klumpen herausgenommen und auf dem Backbrett durchgeknetet. Zurück damit in den Trog zum Ruhen … Die griechischen Frauen, die einen sehr festen Weizenteig verkneteten, führten dazu eher eine Boxbewegung durch denn eine Knetbewegung. Zwölf Kilo Weizenmehl wurden in einer Schüssel mindestens eine Stunde lang mit zwei Fäusten geboxt. Immer wieder machten die Frauen dabei die sogenannte „Fallprobe". Ein faustgroßes Stück Teig ließen sie langsam von der Hand gleiten und beobachteten,

wie sehr sich der Teig schon zog – oder eben nicht zog. Richtig war er erst, als er lange Fäden machte!

Die „Fensterscheibenprobe" eines französischen Bäckers ist nichts anderes. Der Teig soll so lange geknetet werden, bis sich ein faustgroßes Stück Teig auseinanderziehen und ausrollen lässt und man durch ihn wie durch eine Fensterscheibe blicken kann. Das ist dann der Beweis dafür, dass sich das Klebereiweiß des Weizenmehls vollständig aufgelöst hat. Dieses Klebereiweiß, auch Gluten genannt, gibt dem Brot Geschmack und Halt. Geschmack und Halt – das erwarten wir.

Der feine, weiße Brötchenteig ... sobald die Zutaten miteinander gut vermischt sind, heißt es: Aufschlagen, überlappen und durchkneten. Aufschlagen, überlappen und durchkneten! So kommt Luft in den Teig. Aufschlagen, überlappen und durchkneten, bis er fein und weich wie Seide ist.

Den Teig zu viel zu kneten, das ist mit der Hand kaum möglich – da fallen einem vorher die Arme ab.

Sauerteig & Hefeteig

Keine Angst vor Sauerteig!

Unser erstes „Brot“ war ein im Feuer gebackener Brei. Die Ägypter „erfanden“ den Sauerteig durch einen Zufall. Ein übrig gebliebener Brei hatte zu gären begonnen, war sauer geworden. Zum Wegwerfen fand man ihn wohl zu schade, und so wurde er doch noch verbacken – das Sauerteigbrot war geboren! Der neue Geschmack gefiel den Ägyptern, das Brot war zudem bekömmlicher und fortan begannen sie an neuen Rezepturen zu arbeiten und Sauerteig ganz bewusst einzusetzen. So erlernten auch die Juden das Brotbacken von den Ägyptern. Nur auf ihrer Flucht fehlte es an Sauerteig. In Erinnerung an die geglückte Flucht darf deshalb in der Passahwoche kein durchsäuertes Brot gegessen werden. Orthodoxe Juden nehmen das sehr genau. Susan Seligson beschreibt in ihrem Buch ihren Besuch in einer Schmurah-Matzen-Bäckerei in Brooklyn. Das ungesäuerte Brot, „das Brot des Elends“, wird dort unter strengster Aufsicht produziert. Auch die Nudelhölzer, die zum Auswalken des Teiges verwendet werden, dürfen nur einmal gebraucht werden!

Sauerteig

„Gib mir Zeit …"

Gutes Brot zu machen ohne Hefe, ausschließlich mit Sauerteig, dafür braucht man schon etwas Erfahrung. Als Anfänger sollten Sie nicht damit beginnen oder wenigstens eine kleine Menge Hefe beigeben. Ich möchte Ihnen Mut machen, ihren eigenen Weg zu gehen. Sie werden ihre Lieben nicht mit Sauerteig vergiften, sie können ihnen nichts Schlechtes antun. Es wird einfach nicht schmecken, solange sie noch nicht Meister oder Meisterin auf diesem Gebiet sind! Probieren Sie es aus! Backen Sie Brot mit mehr oder weniger Sauerteig. Lassen Sie die gesamte Teigmenge kürzer oder länger ruhen – der Sauerteig arbeitet weiter, jede Minute seines Lebens!

Die Beliebtheit des reinen Natursauerteigs steigt. Vielen Menschen wird aus gesundheitlichen Gründen empfohlen, reichlich natürlich fermentierte Lebensmittel zu sich zu nehmen, und dazu zählt neben Sauerkraut, milchsauer eingelegtem Gemüse und allen natürlich vergorenen Sauermilchprodukten auch unser Sauerteigbrot. Sauerteig ist gesund – früher soll er sogar als Wundauflage verwendet worden sein. Mit Hilfe der Sauerteiggärung wird Roggen erst voll aufgeschlossen, also biologisch voll auswertbar gemacht. Reines Roggenvollkornbrot vertragen empfindliche Menschen oft nicht gut. Die lange Teigführung im Natursauerteig macht es leichter verdaulich und für jeden bekömmlich.

Die Menge des zum Backen verwendeten Sauerteigs hängt von der gesamten Mehlmenge und von der Ruhezeit des Sauerteigs ab. Jede Brotbäckerin kann hier nach Geschmack variieren und Schritt für Schritt zu ihrem Lieblingsbrot finden. Manche Menschen bevorzugen schwach durchsäuertes Brot, andere stärker durchsäuertes. Folgende Mengen können als Richtwerte dienen:

> 100 bis 120 Gramm Sauerteig pro Kilo Mehl
> bei großer Mehlmenge und langer Ruhezeit
> 150 bis 200 Gramm Sauerteig pro Kilo Mehl
> bei kleinerer Mehlmenge und kurzer Ruhezeit

Im Sauerteig sind verschiedene Milchsäurebakterien und Sauerteighefen enthalten. Sie produzieren zu verschiedenen Anteilen Milchsäure, Essigsäure, Kohlendioxid und sehr wenig Ethanol. Wenn alles gut verläuft, gewinnt die Milchsäureproduktion die Oberhand und Ihr Sauerteig lebt! Beginnt er allerdings nach Essig zu riechen, ist zu viel Essigsäure vorhanden und Sie müssen Ihren Sauerteig neu ansetzen.

Der gute „einfache" Sauerteig

Erster Sauerteigansatz

ZUTATEN
3 EL frisch gemahlenes
Roggenvollkornmehl
3 EL Wasser, gut handwarm
(ca. 40 °C)

Mehl mit Wasser verrühren. Dann gut abdecken (am besten eignet sich dazu Pergamentfolie) und bei Zimmertemperatur mindestens einen Tag lang (besser zwei Tage) stehen lassen. Als Gefäß eignet sich sehr gut ein hohes Weckglas mit Deckel.

Zweiter Sauerteigansatz

ZUTATEN
3 EL frisch gemahlenes
Roggenvollkornmehl
3 EL Wasser, gut handwarm
(ca. 40 °C)

Diese Menge mit dem ersten Ansatz verrühren. Er riecht bereits angenehm säuerlich. Die Masse wieder abdecken und 24 Stunden bei Zimmertemperatur stehen lassen.

Dritter Sauerteigansatz

ZUTATEN
100 g frisch gemahlenes
Roggenvollkornmehl
100 ml Wasser, gut handwarm
(ca. 40 °C)

Diese Menge mit den beiden vorigen Ansätzen verrühren und einen weiteren Tag bei Zimmertemperatur stehen lassen.

Etwas einfacher sind folgende Varianten:

Sauerteig mit Buttermilch und Hefe

SAUERTEIG BESTEHT AUS MEHL UND WASSER. UNTER DEM EINFLUSS VON BAKTERIEN UND WÄRME BEGINNT DAS MEHL-WASSER-GEMISCH ZU GÄREN. DIESEN VORGANG KANN MAN SEHEN, DENN ES STEIGEN KOHLENSÄUREBLÄSCHEN AUF. SAUERTEIG SOLLTE LEICHT SÄUERLICH RIECHEN – UND ZULETZT KANN MAN IHN AUCH HÖREN!

Erwärmen Sie 1/4 l Buttermilch oder Sauermilch leicht. Verrühren Sie die erwärmte Milch mit 5 EL Roggenmehl und einem Würfel Hefe. Unter mehrmaligem Umrühren an einem warmen Ort 24 Stunden stehen lassen.

Sauerteig mit Kümmel

2 gehäufte EL Roggenmehl und einen gehäuften TL Kümmel mit lauwarmem Wasser zu einem dicken Brei verrühren. Mit einem Tuch abdecken und 5 bis 6 Tage bei 22 bis 25 °C stehen lassen.

Sauerteig vom Bäcker

Sie holen sich von einem Bäcker eine Portion Natursauerteig. 24 Stunden, bevor Sie backen wollen, fügen Sie diesem Sauerteig 3 gehäufte EL frisch gemahlenes Roggenvollmehl hinzu und verrühren das mit lauwarmem Wasser zu einem dickflüssigen Brei. Lassen Sie ihn zugedeckt an einem warmen Ort stehen. Bevor Sie den Teig verarbeiten, nehmen Sie einen Teil ab und bewahren ihn für den nächsten Backtag auf.

Die Aufbewahung des Sauerteigs

Wer nicht bei jedem Backen neu mit der Sauerteigzubereitung beginnen will, kann einen kleinen Rest Sauerteig aufbewahren und sich das erste und zweite Ansetzen des Sauerteigs sparen. Sauerteig bewahrt man am besten in einem verschlossenen Schraubglas im Kühlschrank auf. Er lässt sich auch einfrieren oder, mit Mehl stark abgebröselt, in trockenem Zustand aufbewahren.

Im Kühlschrank hält sich Sauerteig zugedeckt etwa eine Woche. Ihn so aufzubewahren bietet sich an, wenn Sie regelmäßig backen. 24 Stunden vor dem Backen verrühren Sie den Teig mit Roggenmehl und warmem Wasser und lassen ihn warm stehen.

Sie können den Sauerteig auch einfrieren. Rechtzeitig vor dem nächsten Backtag auftauen lassen und wieder 24 Stunden vor dem Backen mit 3 EL Roggenvollmehl und lauwarmem Wasser verrühren. Warm stehen lassen.

Eine Alternative zum Einfrieren ist das Abbröseln. Ähnlich wie Sie Streusel für einen Streuselkuchen abbröseln, erzeugen Sie mit viel Mehl trockene Sauerteigbrösel. Diese legen Sie auf ein Backpapier und lassen sie gut trocknen. Wenn sie wirklich trocken sind, zum Aufbewahren in ein Schraubglas geben. Sauerteigbrösel sind sehr lange haltbar! Das ist gut für Brotbäckerinnen, die unregelmäßig Brot backen.

Schöne Geschichte

Die Sennerin Vevi von der Litzlhofalm im hinteren Seidlwinkltal erzählte mir einmal, wie sie auf ihrer Alm eingeschneit worden ist. Das Brot sei ihr damals ausgegangen. Mehl habe sie gehabt, allerdings keine Hefe. So habe sie den schon lange nicht mehr benutzten Sauerteigkübel hervorgeholt und die verkrusteten Reste darin aufgeweicht, sie immer wieder mit Mehl und Wasser verrührt und so eine Portion Sauerteig gewonnen. Sie brachte ihr Brot zum Gehen – obwohl der Kübel schon seit Jahrzehnten nicht mehr in Verwendung gewesen war. Sauerteigbakterien sind eben äußerst widerstandsfähig und sehr lange haltbar!

Übung macht beim Hefeteig den Meister

Hefeteig ist wunderbar für den, der schon ein wenig Routine hat beim Backen. Meine Schwiegermutter hat 60 (!) Jahre ihres langen Lebens Buchteln gebacken. Jeden Samstag. 60 Jahre lang! Das hat man geschmeckt, ihre Buchteln waren wirklich fantastisch.

Aber man braucht es nicht zu übertreiben, es muss nicht unbedingt 60 Jahre dauern, bis eine Hefeteigspezialistin aus Ihnen geworden ist! Ein klein wenig Geduld müssen Sie allerdings schon mitbringen und als blutige Anfängerin vielleicht ein paar nicht ganz so erfreuliche Versuche machen, bis Sie die Gewissheit bekommen: Jetzt kann ich's!

Selbst machen statt fertig kaufen

Hefe ist ein ganz alltägliches Triebmittel, um Luft in einen Teig zu bekommen. Jeder kennt es, jeder verwendet es, aber niemand weiß, wie es wirklich erzeugt wird. Ist es nicht so? Oder gar: Ist es heute wirklich noch ein Mittel, das jeder kennt? Werden Pizzateig, Hefezöpfe, Dukatenbuchteln und Krapfen in Haushalten wirklich noch selbst gemacht?

Der Gastronomie werden zum Beispiel Dukatenbuchteln für die Mikrowelle angeboten. Die Vanillesoße gleich dazu. Ich habe so ein Werbegespräch einmal über mich ergehen lassen und mir angehört, wie dieses Produkt beworben wird.

1. Es geht sehr schnell. In nur zwei Minuten ist dieser Nachtisch für die Gäste bereit.
2. Sie brauchen kein Geschirr. Packung aufreißen, aus der Folie nehmen, in die Mikrowelle damit, fertig! Inzwischen verrühren Sie mit etwas Milch ein Pulver zu Vanillesoße und legen eine halbierte frische Erdbeere darauf. Wenn Sie es besonders fein machen wollen, auch noch ein grünes Minzeblättchen, sieht doch gut aus, oder?
3. Jetzt raten Sie einmal, was Sie dieser Nachtisch kostet! Eine Portion nur 70 Cent! Und …
4. Dieser Nachtisch ist zehn Monate in der Folie haltbar!

Hefeteig braucht Zeit

Das alles spart Zeit. Der Hefeteig tut das nicht. Hefeteig braucht Zeit, die müssen Sie ihm geben und Sie müssen sich Zeit für ihn nehmen! Weil es aber auch weiterhin Menschen geben wird, die Hefeteig selbst machen und wissen wollen, was Hefe ist, sehen wir uns die Hefe genauer an:

Die gelb-graue Hefemasse ist eine ungeheure Zahl von fest zusammengepressten Hefezellen. Hefe ist ein rundlicher einzelliger Pilz, der sich durch Sprossung vermehrt. Um sich zu vermehren und um zu gären, braucht dieser Pilz Wärme (zwischen 20 und 40 °C), Feuchtigkeit (weiche Teige erleichtern die Arbeit der Hefe), Sauerstoff (aus der Luft, dem gesiebten, gelüfteten Mehl und dem lufthaltigen Frischwasser bzw. durch kräftiges Aufschlagen) und Nahrung (Lieblingsspeisen der Hefe sind Traubenzucker, Zucker und Honig).

Backhefe ist eine Kulturhefe. Sie wird gezüchtet, genauso wie die Bier- und Weinhefe. Konventionelle Hefe wächst auf einem Boden aus Rüben- oder Rohrzuckermelasse, Bio-Hefe auf einer Nährlösung aus biologischem Getreide. In einem Bericht des Vereins für unabhängige Gesundheitsberatung lässt sich nachlesen: „75 kg Ammoniaklösung, 15 kg Schwefelsäure, 11 kg Phosphatsäure, 4 kg Magnesiumsulfat sowie 10 kg Desinfektions- und Reinigungsmittel sind die unliebsamen Reste bei der Herstellung einer Tonne konventioneller Hefe." Die Herstellung von Bio-Hefe ist sehr viel aufwendiger und teurer, dafür aber umweltschonender, denn sie belastet das Abwasser weit weniger. Diese Frage ist uns allen bekannt: Wie viel ist es uns bei der Kaufentscheidung wert, die Belastung unseres Wassers zu verringern? Die Antwort geben Sie!

Beide Hefearten gibt es als Frischhefe und als Trockenhefe. Für unser Brot können wir frische genauso wie trockene Hefe verwenden. Ob Sie zur konventionellen oder zur Bio-Hefe greifen, ist Ihre Entscheidung. Wir verwenden Bio-Hefe zusätzlich zur Sauerteiggärung oder als einziges Triebmittel für unsere Brote (vor allem für die Weizenbrote).

Ob frische Hefe oder trockene, ob konventionelle oder Bio – die Hefe weiß, was sie zu tun hat. Sie spaltet die Stärke des Mehls oder den Zucker und wandelt sie in Kohlendioxid und Alkohol um. Bei diesem Vorgang bilden sich kleine Luftblasen, die das Volumen des Teiges vergrößern. Neben der gezüchteten Hefe existiert eine Vielzahl wilder Hefen. Marmeladen zum Beispiel werden leicht von wilden Hefen befallen und durch wilde Gärung verdorben – das gefällt uns dann nicht so gut.

So wird ein guter Hefeteig gemacht

Traditionell wird der Hefevorteig so zubereitet: Zerbröckelte Hefe mit lauwarmer Milch oder Wasser, etwas Zucker und wenig Mehl zu einem Vorteig rühren und zehn Minuten an einem warmen Ort gehen lassen. Dann diese Masse mit den anderen Zutaten zu einem geschmeidigen Teig verkneten und gehen lassen, anschließend formen und backen. Geben Sie nie Salz oder Fett in den Vorteig hinein! Hefe braucht andere Nahrung (Zucker und Mehl), sie liebt es feucht, warm und sauerstoffreich!
Wie viel Hefe soll man nehmen? Die Mengenangaben auf den Hefe-Verpackungen sind immer ziemlich hoch angegeben. Große Teige brauchen im Verhältnis weniger Hefe als kleine Teige. Nehmen Sie weniger Hefe und achten Sie auf schon vorher angewärmte Zutaten und warme Räume. Gönnen Sie dem Hefeteig Ruhe und Zeit! Warme, heimelige Küchen sind heute keine Selbstverständlichkeit mehr, behelfen Sie sich, indem Sie die Teigschüssel ins warme Wasser stellen!

Brotvielfalt und Rezepte

So viele Rezepte! So viele Sorten Brot ...

Doch das Grundmuster ist immer dasselbe. Sie brauchen: Mehl, eine Flüssigkeit, ein Triebmittel und Salz. Mehl kann aus jeder Art von Getreide stammen, mit verschiedenem Ausmahlungsgrad. Flüssigkeit? Das einfachste ist immer noch Wasser! Sie können jede Art von Milch nehmen, süße Milch, saure Milch, Buttermilch, Molke, Joghurt, Quark, flüssige Butter, Schweinefett, verschiedene Öle, alle Alkoholika wie Bier, Wein, Schnaps, Whiskey, von mir aus auch Champagner, wenn Sie es besonders kostspielig haben wollen! An Triebmitteln nehmen Sie wenig oder viel frische Hefe, Trockenhefe, Backferment, Natursauerteig oder Kunstsauer. Nun probieren Sie dazu noch verschiedene Salze aus, fügen Samen, Gewürze und Kräutlein dazu. Dann fehlen uns noch Beigaben wie getrocknetes Obst, Gemüse, Fleisch, Käse ... Lassen Sie das Brot lang oder kurz, warm oder kalt ruhen. Backen Sie das Brot entweder im Elektroherd, im Holzofen, auf Steinen, in der Asche, auf dem heißen Blech oder lassen Sie es in der Sonne trocknen! Daraus lassen sich unendlich viele Rezepte zaubern ...

Einfach, aber gut! Walnussbrot!

ZUTATEN
500 g Weizen, frisch gemahlen
300 ml lauwarmes Wasser
20 g frische Hefe
8 g Meersalz
20 g Honig
100 g Walnüsse, ganz oder grob gehackt
1 Prise Zimt

Das frisch gemahlene Mehl in eine Schüssel geben und eine Mehlmulde machen. Honig und Hefe in einer Schale mit etwas warmem Wasser anrühren und in die Mulde gießen. 10 Minuten ruhen lassen. Nun Walnüsse, Wasser, Salz, Honig und Zimt dazugeben und rühren, bis sich alles gleichmäßig verteilt hat. Den Teig ca. 10 Minuten gut durchkneten und zum doppelten Volumen aufgehen lassen. Nochmals kurz durchkneten und dann formen. Den Backofen auf 200 °C vorheizen. Den Teig in eine gut gefettete Kastenform (30 cm) geben und ca. 5 Minuten gehen lassen. Anschließend ca. 10 Minuten bis zur Bräunung auf 220 °C backen, dann weitere 25 bis 30 Minuten bei 190 °C backen.

Walnuss mit Rosinen und rotem Wein

ZUTATEN
500 g Weizenmehl
175 g Walnusskerne
175 g Pecorino (italienischer Schafskäse)
75 g Rosinen
1 TL gemahlene oder gestoßene Gewürznelken
1/8 l Rotwein
1 TL Salz
etwas Pfeffer
1 Würfel frische Hefe
175 ml warmes Wasser
100 ml Olivenöl

Der Geschmack von Gewürznelken und rotem Wein, Walnüssen und Rosinen – das alles steht für den Winter. Schafskäse für den Sommer! Somit ist dieses Brot ein Leckerbissen durch das ganze Jahr.

Walnusskerne zerdrücken, Pecorino reiben, Rosinen klein schneiden. Die vorbereiteten Zutaten mit Gewürznelken, Rotwein, dem Olivenöl, Salz und Pfeffer über Nacht in einer Schüssel ziehen lassen. Am nächsten Tag die Hefe in warmem Wasser auflösen, das Mehl damit zu einem glatten Teig verarbeiten. An einem warmen Ort 30 Minuten ziehen lassen. Dann mit den eingeweichten Zutaten vom Vortag vermengen und noch einmal gut durchkneten. Daraus einen Brotlaib formen. Auf der Oberseite ein Kreuz einschneiden. Im vorgeheizten Backofen bei 200 °C 45 Minuten backen, die letzten 15 Minuten mit Alufolie bedecken.

WALNÜSSE VERLEIHEN DEM BROT EINE BESONDERE NOTE UND BEREICHERN ES MIT WERTVOLLEN VITALSTOFFEN AUS DER NUSS.

Einfaches Weizenbrot

ZUTATEN

1 kg Weizenmehl Type 550
20 g Butter
20 g Zucker
20 g Salz
40 g frische Hefe (ein Würfel)
ca. 600 ml lauwarmes Wasser

Aus den Zutaten einen glatten Teig kneten. 5 Minuten ruhen lassen, dann zu einem länglichen Wecken formen und zunächst mit dem Schluss nach oben gehen lassen. Umdrehen und noch einmal eine Weile gehen lassen.

Mit einem gezackten Messer einschneiden und mit Wasser bestreichen.

Im vorgeheizten Backofen bei 220 °C 15 Minuten und dann noch weitere 15 bis 25 Minuten – je nach Größe – bei 200 °C hell backen. Mit Hilfe einer Sprühflasche Dampf ins Backrohr bringen oder eine feuerfeste Form mit Wasser in den Ofen stellen.

Anstelle eines langen Brotes können auch kleine Wecken geformt werden, die man über Kreuz einschneidet. Bei kleinen Wecken die Backzeit verkürzen.

Buttertoast

ZUTATEN

1 kg Weizenmehl Type 550

30 g Butter

20 g Zucker

20 g Salz

40 g frische Hefe (ein Würfel)

ca. 600 ml lauwarmes Wasser

Buttertoast wird wie einfaches Weizenbrot zubereitet. Alle Zutaten vermischen und daraus einen glatten Teig kneten. Kurze Zeit ruhen lassen und noch einmal kneten. Dazu kommen lediglich 30 g Butter oder gutes Öl pro Kilo Mehl. Durch Einkneten von Fett in den Teig ist dieses Brot länger haltbar. Buttertoast in einer Kastenform backen, Backzeit und Hitze entsprechen in etwa denen für einfaches Weizenbrot.

Baguette

ZUTATEN
450 g Weizenmehl
1 1/2 TL Salz
4 1/2 TL Trockenhefe
300 ml lauwarmes Wasser

Mehl und Salz in eine tiefe Schüssel geben. Hefe hineinstreuen, nach und nach Wasser hinzufügen und den Teig mit dem Kochlöffel erst verrühren, dann abschlagen, bis sich der Teig vom Rand der Schüssel löst.

Aus der Schüssel auf den Arbeitstisch geben und 10 Minuten ruhen lassen. Dann 15 bis 20 Minuten gut durchkneten, bis der Teig glatt und geschmeidig ist. Den Teig in die Schüssel zurücklegen, mit einem feuchten Geschirrtuch abdecken und bei Zimmertemperatur ca. 45 Minuten ruhen lassen, bis sich das Volumen verdoppelt hat.

Teig wieder aus der Schüssel nehmen und vierteln. Jeden Teil von der Mitte her auseinanderziehen, sodass eine längliche Form entsteht.

Auf einem bemehlten Geschirrtuch weitere 20 bis 25 Minuten ruhen lassen, bis sich das Volumen wieder verdoppelt hat. Dabei mit einem Geschirrtuch abdecken.

Nun die Baguettes formen. Dazu mit der Handkante in der Mitte des Teiges eine Kerbe schlagen, den Teig an der Kerbe übereinanderfalten und dabei fest gegen die Arbeitsplatte drücken. Jetzt den Teig so lange rollen, bis er ca. 40 cm lang ist.

Nun die Baguettes mit der Nahtstelle nach unten wieder auf ein bemehltes Geschirrtuch setzen, mit einem weiteren Geschirrtuch zudecken und ein letztes Mal 35 bis 45 Minuten ruhen lassen, bis sich das Volumen verdoppelt hat. Vorsichtig auf ein Blech legen, mit Wasser einstreichen und mit einer scharfen Klinge zügig diagonal einritzen.

Im vorgeheizten Ofen 15 bis 20 Minuten bei 230 °C backen. Dampf in den Ofen bringen, das ist gut für die schöne Kruste!

BAGUETTE BEDEUTET WÖRTLICH „STÖCKCHEN" ODER „STAB".
MIT SEINEN VIELEN VERSCHIEDENEN ARTEN IST ES NICHT
NUR IN FRANKREICH DAS BELIEBTESTE WEISSBROT.

Waldviertler Vollkornbrot

1. Tag

9 Uhr: Folgende Zutaten vermengen und an einem warmen Ort gehen lassen.
80 g Sauerteig
80 g Roggenschrot
120 ml lauwarmes Wasser

13 Uhr: Das Folgende zum Teig hinzufügen.
280 g Roggenschrot
400 ml lauwarmes Wasser

18 Uhr: Den Teig ergänzen mit
320 g Roggenschrot
400 ml lauwarmes Wasser

2. Tag

ZUTATEN FÜR DEN 2. TAG
700 g Weizenschrot
600 ml lauwarmes Wasser
100 g Sechskorn- oder Buchweizenschrot
100 g Leinsamen
100 g Sonnenblumenkerne
2 TL Koriander, gemahlen
2 TL Anis, gemahlen
3 TL Kümmel
3 TL Fenchel
5 TL Salz
Fett und Mehl für die Formen

Zunächst etwas Sauerteig für das nächste Backen wegnehmen.
Alle Zutaten für den 2. Tag unter die Masse vom 1. Tag rühren (Salz vorher in etwas Wasser auflösen). 3 Kastenformen einfetten, mit Mehl oder Kleie ausstreuen und die Masse darin verteilen. Noch 1 Stunde gehen lassen.
Im vorgeheizten Ofen bei 220 °C 1 1/4 bis 1 1/2 Stunden backen, dabei ein Gefäß mit Wasser mit ins Rohr stellen. Gegen Ende der Backzeit die Hitze etwas reduzieren.

Ergibt ein wunderbares, lange haltbares Brot!

Alternative: Das Brot kann statt in Kastenformen auch frei gebacken werden. Das erfordert etwas Erfahrung im Umgang mit dem weichen Teig. Die Wassermenge dazu um ein Drittel reduzieren. Einen großen oder zwei kleinere Laibe formen und in mit Tüchern ausgelegten, gut bemehlten Schüsseln oder im Brotkorb 1 Stunde ruhen lassen. Dann den Teig aus den Schüsseln auf das Backblech stürzen und im vorgeheizten Rohr bei 220 °C 1 bis 1 1/2 Stunden backen (je nach Größe). Gegen Ende der Backzeit auch hier die Hitze reduzieren.

Bayrisch-österreichisches Rezept

ZUTATEN

1 kg Roggenbrotmehl

2 kg Weizenbrotmehl

40 g Hefe

3 EL Salz

1/2 l Buttermilch, mit 1 l heißem
Wasser vermischt

3–4 gehäufte EL gemahlenes
Brotgewürz (Koriander, Fenchel,
Anis, Kümmel)

Für den Vorteig am Vorabend 150 g Roggenmehl, Hefe und etwas lauwarmes Wasser in einer Schüssel zu einem glatten Brei verrühren. Am nächsten Morgen diesen Vorteig zusammen mit dem restlichen Mehl, dem Salz und dem Buttermilch-Wasser-Gemisch in einer Schüssel gut durchkneten, bis sich der Teig von den Händen löst. Die gesamte Teigmenge dann noch 2 Stunden ruhen lassen. Anschließend drei Laibe formen und jeden in einem mit einem Tuch ausgelegten Brotkorb gehen lassen. Wenn die Laibe schön gegangen sind, sie noch einmal aus den Körben nehmen, durchkneten und wieder in die Körbe geben. Noch einmal ca. 15 Minuten gehen lassen. Mit einem scharfen, gezackten Messer zuletzt in jeden Laib ein großes Kreuz schneiden. Mit dem Kreuz nach unten das Brot zum Backen in das vorgeheizte Rohr schieben. Bei höchstmöglicher Temperatur ca. 30 Minuten backen, dann die Hitze auf 130 °C reduzieren und eine weitere halbe Stunde backen.

Französisches Landbrot

ZUTATEN

1,5 kg Weizenmehl Type 550
100 g Weizensauerteig (vgl. Zubereitung von Sauerteig S. 74)
1 EL Meersalz
800 ml lauwarmes Wasser (alle Zutaten sollen vor Beginn der Arbeit handwarm sein)

Die Zutaten vermischen und so lange auf einem Holzbrett kneten, bis sich der Teig seidig glatt anfühlt. Vier Stunden zugedeckt an einem warmen Ort ruhen lassen, dann noch einmal durchkneten. Einen Laib formen, einen Brotkorb mit einem Geschirrtuch auslegen, den geformten Laib hineinlegen und zudecken. Eine weitere Stunde zugedeckt an einem warmen Ort ruhen lassen.
Den Ofen auf höchste Stufe vorheizen. Mit einem scharfen Messer die Oberfläche einschneiden. Eine halbe Stunde bei 250 °C und noch eine weitere Stunde bei 150 °C backen.

Rustikales Pinzgauer Bauernbrot

ZUTATEN

1,2 kg Roggenbrotmehl

800 g Weizenmehl

400 g Sauerteig (vgl. Zubereitung
von Sauerteig S. 74)

40 g Hefe

2 EL Salz

Kümmel, Koriander, Anis,
Fenchel

1 l warmes Wasser

Mehl im Backtrog anwärmen, den Sauerteig über Nacht im Backtrog gehen lassen. Am nächsten Morgen mit der aufgelösten Hefe, dem Salz, den Gewürzen und dem Wasser im Trog kneten. 2 Stunden ruhen lassen, danach 2 Laibe formen. 20 Minuten bei 230 °C backen und noch 45 Minuten bei 150 °C weiterbacken.

Mein Brot

1 kg Roggenvollkornmehl
1/2 kg Weizenvollkornmehl
30 g Salz
1 Päckchen Trockenhefe
150 g Leinsamen, mit 200 ml sehr
heißem Wasser übergossen
ca. 600 ml warmes Wasser
200 g Sauerteig
2 TL zerstoßener Koriander
1 TL ganzer Kümmel

Alle Zutaten in einer Schüssel gut mit der Hand verrühren, der Teig darf ziemlich weich sein. An einem warmen, aber nicht heißen Ort 3 Stunden gehen lassen. Teig auf die Arbeitsplatte kippen und in zwei Stücke teilen. Nun behutsam, mit Mehl auf der Arbeitsplatte, mit den Händen zwei Laibe formen. Zügig arbeiten, sonst bleibt der Teig an den Händen kleben. Laibe mit viel Mehl bestäuben und in mit Mehl bestäubte Brotkörbe legen. Etwa 15 Minuten ruhen lassen.

Im vorgeheizten Rohr bei hoher Anfangstemperatur (220 °C) bis zur ersten Bräunung backen, dann die Hitze reduzieren und bei etwa 150 °C eine weitere Stunde backen.

Bündner Birnbrot (Huxelbrot)

ZUTATEN

3,5 kg gedörrte Birnen
2 kg Feigen
2 kg Sultaninen
1,2 kg Nusskerne
200 g Zitronat
200 g Orangeat
1 l Schnaps
4 EL Zucker

FÜR DEN BROTTEIG

2,5 kg Mehl
50 g Salz
50 g Hefe
1,8 l lauwarmes Wasser

FÜR DEN BIRNBROTMANTEL
(Wichtig! Schützt die Früchte
beim Backen)
2,5 kg Mehl
1,5 Tassen flüssiges Schweinefett
1,5 EL Salz
30 g Hefe
ca. 1,2 l lauwarmes Wasser

Machen Sie sich zuerst einmal auf die Suche nach gutem Dörrobst. Das ist gar nicht so einfach! Im Originalrezept wird das Bündner Birnbrot aus Weizenmehl gemacht. Probieren Sie dieses Rezept aber ruhig auch einmal mit Roggenbrotteig aus, es bekommt dann einen feinen süß-säuerlichen Geschmack. Wenn Sie Zitronat und Orangeat nicht besonders mögen, lassen Sie es einfach weg.

Gedörrte Birnen und Feigen fein schneiden, Sultaninen, Nusskerne, Zitronat und Orangeat den Birnen und Feigen beigeben und alles gut mischen.
Schnaps und in etwas Wasser aufgelösten Zucker darübergießen und über Nacht abgedeckt ruhen lassen. Am nächsten Tag für den Brotteig Mehl, Salz, Hefe und lauwarmes Wasser gut mischen und ruhen lassen. Die eingelegten Früchte mit dem Brotteig mischen und einige Stunden aufgehen lassen.

Für den Birnbrotmantel das Mehl, das flüssige Schweinefett, Salz, Hefe und lauwarmes Wasser gut durchkneten und den Teig ruhen lassen, bis er auf das Doppelte aufgegangen ist. Teigportionen zu je 200 g nicht zu dünn ausrollen. Eine Portion Birnbrotmasse (750 bis 800 g) daraufgeben. Den Rand des Mantels mit Wasser bestreichen und die Birnbrotmasse gut darin einpacken. Mit Eigelb bestreichen, mit Brotteig oder einigen Mandeln verzieren und mit der Gabel einstechen. Den Ofen auf 250 °C vorheizen und etwa 1 Stunde bei 200 °C backen.

Das fertige Brot einige Tage liegen lassen und dann dick mit frischer Butter bestrichen oder mit einer Scheibe gutem Käse genießen!

Tiroler Apfelbrot

ZUTATEN

250 g Feigen
250 g blaue Rosinen
200 g Rohrzucker
500 g Dinkelvollkornmehl
750 g Boskop Äpfel (oder eine andere saure Sorte), grob mit der Schale gerieben
150 g ganze Haselnüsse
1 EL Kakao
1 EL Zimt
1 TL Nelkenpulver
1 TL Salz
1 Päckchen Backpulver
50 ml Rum
etwas Sahne zum Bestreichen

Alle Zutaten am Vorabend mischen und über Nacht stehen lassen.

Am nächsten Tag 2 Wecken formen, mit Sahne bestreichen, mit einer Gabel einstechen und 1 1/2 Stunden bei 180 °C backen.

Dieses Brot ist eher fest und schwer. Es schmeckt auch sehr gut, wenn man anstatt des Backpulvers 150 g Sauerteig verwendet. Wer es locker liebt, gibt 20 g Hefe dazu.

Großmutters Milchbrot

ZUTATEN
500 g Weizenmehl
1 TL Salz
150 g Zucker
Schale von einer halben unge-
spritzten Zitrone
100 g Rosinen
20 g frische Hefe
250 ml lauwarme Milch
100 g flüssige Butter
1 Eigelb zum Bestreichen

Mehl in eine Schüssel geben. Eine Mulde in die Mitte drücken, zerbröckelte Hefe hineingeben und mit ein paar Löffel der warmen Milch zu einem glatten Brei verrühren. Etwas Mehl darüberstreuen und ca. 10 Minuten warten, bis sich an der Oberfläche Risse bilden.

Salz, Zucker und Zitronenschale an den Rand streuen. Die zerlassene Butter mit der warmen Milch verrühren. Rosinen dazugeben und den Teig nun mit einem Kochlöffel so lange abschlagen, bis sich der Teig vom Schüsselrand löst und Blasen wirft. Den Teig zugedeckt nun so lange an einem warmen Platz gehen lassen, bis sich sein Volumen verdoppelt hat. Den Teig auf die Arbeitsplatte geben und ihn zu einem Zopf formen, einem 3er, 4er, 5er, 6er … ganz nach Können und Belieben! Auf dem Backblech noch weitere 10 Minuten gehen lassen, mit dem Eigelb bestreichen, eventuell einige Mandelblätter oder Hagelzucker darauf streuen und im vorgeheizten Rohr bei ca. 180 °C 45 Minuten lang backen.

Pikant: Quarkbrot

ZUTATEN

200 g Magerquark
je eine kleine grüne, rote und
gelbe Paprikaschote oder
je 100 g in Öl eingelegte Oliven
oder getrocknete Tomaten
Salz
3 kleine oder 2 große Eier
3 EL Olivenöl
400 g Mehl
1 kleine Zwiebel oder 2 kleine
Knoblauchzehen
1 1/2 Päckchen Backpulver
weißer Pfeffer
Mehl zum Ausrollen
Fett für die Kastenform (28 cm)
Milch zum Bestreichen

Quark, Öl, Eier und Salz gut verrühren. Mehl und Backpulver gut in die Masse einarbeiten und zu einem glatten, geschmeidigen Teig verkneten. Den Teig auf einer bemehlten Arbeitsplatte in der Länge der Kastenform dünn ausrollen. Die gewürfelten Paprika und die klein gehackte Zwiebel oder den Knoblauch auf der Teigplatte verteilen. Mit Salz und weißem Pfeffer bestreuen. Den Teig von der schmalen Seite her aufrollen und mit der Nahtstelle nach unten in die gut gefettete Kastenform legen. Das Brot bei ca. 180 °C im vorgeheizten Backofen 50 Minuten backen. Zum Schluss das heiße Brot mit Milch bepinseln, damit es schön glänzt. Das Brot noch ca. 15 Minuten in der Form ruhen lassen, dann auf ein Kuchengitter stürzen.

Passt gut zu Salat, Wein und Bier!

Wilder-Thymian-Pfeffer-Brot

ZUTATEN

250 g Dinkel, fein gemahlen

250 g Roggen, fein gemahlen

250 ml Bier

20 g frische Hefe

1 1/2 TL Meersalz,
in etwas Wasser gelöst

2 EL Thymian, frisch gehackt
oder getrocknet

3/4 TL frisch gemahlener
bunter Pfeffer

50 g geröstete Sonnen-
blumenkerne

50 g gerösteter weißer oder
schwarzer Sesam

Almsommer – da duftet es nach wildem Thymian: nach Quendel! Dort, wo in den Bergen der Magerrasen ungestört wachsen darf, gedeiht er. Sein wilder, intensiver Duft ist ebenso zauberhaft wie der Geschmack des Wilder-Thymian-Pfeffer-Brotes, das zu Käse genauso gut passt wie zu Marmelade.

Das Bier leicht erwärmen und die Hefe darin auflösen. Die Mischung zum Mehl geben und ca. 10 Minuten kneten. Die Schüssel zudecken und den Teig bei Zimmertemperatur ca. 40 Minuten ruhen lassen. Dann noch einmal kurz durchkneten, die restlichen Zutaten und das im Wasser gelöste Salz unterarbeiten.

Das Brot entweder formen, um es frei zu backen, oder eine leicht gefettete Form benutzen. Das Brot noch etwa 10 Minuten ruhen lassen. Dann in den kalten Backofen auf die unterste Schiene stellen und bei 200 °C ca. 50 bis 60 Minuten backen. Gleich zu Beginn ein flaches, feuerfestes Schälchen mit heißem Wasser auf den Backofenboden stellen, damit der Backraum ausreichend feucht bleibt.

Knoblauchbrot

Zutaten

1 kg Mehl
1 Würfel Hefe oder 2 Päckchen Trockenhefe
1 EL Salz
1/2 l kalte (!) Milch
100–150 g Butter
1 Ei
3 EL Salatkräuter
12 Knoblauchzehen, fein gehackt

Alle Zutaten zusammen kneten und 45 Minuten abgedeckt gehen lassen, dann noch einmal kräftig durchkneten und in eine gefettete Form geben. Zudecken und noch einmal 20 Minuten gehen lassen. In der Zwischenzeit den Ofen auf 180 °C vorheizen und dann das Brot auf der untersten Schiene 35 bis 45 Minuten backen.

Bananenbrot, pikant

ZUTATEN
500 g Weizenmehl
2 TL Salz
1 TL Zucker
20 g Frischhefe oder 1 Päckchen
Trockenhefe
1/4 l Milch
50 g Butter
500 g geschälte Bananen
Saft von 1/2 Zitrone
1 1/2 EL grüner Pfeffer
4 EL gehackte Petersilie
1 Ei
etwas Milch zum Bestreichen

Für den Teig das Mehl in eine große Schüssel sieben, das Salz an den Rand streuen und alles vermischen. In die Mitte der Mischung eine Mulde drücken, den Zucker hineingeben und die Hefe darüberbröckeln. Hefe mit etwas Mehl vermischen und mit der Hälfte der handwarmen Milch zu einem Brei verrühren. Beim Rühren so viel Mehl in die Mulde mitreißen, dass die Hefe eine breiige Konsistenz erhält. Dabei bleibt ca. die Hälfte des Mehls übrig! Die Schüssel mit einem Küchentuch bedecken und an einem warmen Ort 15 Minuten gehen lassen, bis der Brei seinen Umfang verdoppelt hat und große Blasen zeigt.

Über die Hefe nun wieder Mehl streuen und den Rest der warmen Milch sowie die zerlassene, handwarm abgekühlte Butter hinzufügen. Alles gut mischen und etwa 15 Minuten zu einem glatten Teig kneten, der nicht mehr klebt und sich gut von der Schüssel löst. Eine Kugel formen und den Teig zurück in die Schüssel legen. Wieder mit einem Küchentuch bedeckt 30 Minuten an einem warmen Ort gehen lassen, bis sich der Teig verdoppelt hat.

Die geschälten Bananen in dünne Scheiben schneiden, mit Zitronensaft beträufeln und 10 Minuten zugedeckt marinieren.

Den Teig zu einem Rechteck von 30 mal 40 cm ausrollen, die Bananenscheiben gleichmäßig darauf verteilen und mit den Pfefferkörnern und Petersilie bestreuen. Das Teigrechteck der Länge nach aufrollen und in eine gefettete Backform legen. Nochmals mit einem Küchentuch bedecken und an einem warmen Ort 60 Minuten aufgehen lassen. Mit dem verquirlten Ei bestreichen und die Oberfläche mit einer Gabel einstechen.

40 bis 50 Minuten bei 180 °C backen. Beim Backen eine feuerfeste Schale mit Wasser in den Ofen stellen, damit ausreichend Feuchtigkeit entsteht.

BANANENBROT EIGNET SICH HERVORRAGEND ALS ZWISCHENMAHLZEIT UND ZUM SCHNELLEN AUFLADEN DER KOHLENHYDRATSPEICHER IM KÖRPER. ES IST BESONDERS GUT VERTRÄGLICH UND ÜBERALL EINSETZBAR.

Focaccia picante – Pizzabrot mit Oliven, Speck und Zwiebeln

ZUTATEN
450 g Mehl
1 TL Salz
20 g frische Hefe oder
ein Päckchen Trockenhefe
190 ml lauwarmes Wasser oder
Sonnenblumenöl
Maismehl für das Blech
4 Scheiben Speck
1 Zwiebel
200 g schwarze Oliven
2 EL Rosmarin oder andere
frische Kräuter, gehackt
schwarzer Pfeffer
5 EL kalt gepresstes Olivenöl

Das Mehl in eine große Schüssel sieben und das Salz darauf streuen. Eine Mulde ins Mehl drücken und die Hefe hineinbröckeln. Mit ca. 7 EL lauwarmem Wasser verrühren. Etwas Mehl darüberstreuen, zugedeckt an einem warmen Ort 15 Minuten gehen lassen, bis sich an der Oberfläche Risse zeigen.

Mehl, Hefeansatz und das restliche Wasser verkneten. Etwa 10 Minuten kräftig weiterkneten, bis der Teig elastisch ist und nicht mehr klebt. Zugedeckt an einem warmen Platz gehen lassen, bis sich das Volumen des Teiges verdoppelt hat.

Ofen auf 250 °C vorheizen, Blech einölen. Oliven entsteinen und klein hacken. Mit Rosmarin und anderen frischen Kräutern sowie etwas schwarzem Pfeffer unter den Teig kneten. Klebt er an den Händen, noch etwas Mehl unterkneten.

Teig halbieren und zwei runde Laibe mit einem Durchmesser von etwa 40 cm und einer Höhe von etwa 4 cm formen. Die Teigoberfläche mit Abständen von 2 cm rautenförmig einschneiden. Die Laibe zugedeckt noch einmal 20 Minuten gehen lassen.

Brote mit Oliven, Speckscheiben und Zwiebelringen belegen, mit Öl bestreichen und 40 bis 45 Minuten backen (250 °C), Temperatur nach 10 Minuten etwas reduzieren.

FOCACCIA PICANTE – DIESES PIZZABROT IST EINFACH ZU MACHEN UND SCHMECKT KALT GENAUSO GUT WIE WARM.

Traditionelles Brot aus Norwegen

ZUTATEN

700 ml Wasser
1 kg Gersten- oder Roggenmehl
oder eine Mischung aus beidem
1 TL Salz
200 g Gerstenmehl zum
Ausbacken

Mehl und Salz mischen. Das Wasser aufkochen und darübergießen. Etwas abkühlen lassen und den Teig gut durchkneten. Der Teig soll abgekühlt sein und bis zum nächsten Tag ruhen. Für ein Brot von 60 cm Durchmesser max. 200 g Teig verwenden. Das Backen erfolgt auf einer speziellen Platte, die man in Norwegen überall erhält.

Gerstenbrot

ZUTATEN

2 Tassen Gerstenmehl
2 EL Sesamöl
4 Tassen Weizenvollkornmehl
1/2 Tasse geschrotete Hirse,
geröstete Sonnenblumenkerne
oder Sesamsamen
1 1/2 TL Salz
2 EL Maiskeimöl
3 1/2 Tassen kochendes Wasser

Gerstenmehl in einer Pfanne mit Sesamöl rösten, bis es dunkel ist. Vorsicht, es soll nicht verbrennen! Dann mit dem Weizenvollkornmehl, dem Schrot und dem Salz mischen, das Maisöl hinzugeben und das Mehl zwischen den Händen reiben, bis es ölig ist. In kleinen Portionen das kochende Wasser dazugeben, dabei einen Kochlöffel zum Mischen verwenden, bis sich der Teig zu binden beginnt. Mit den Händen den Teig geschmeidig kneten. Hände zum Kühlen in kaltes Wasser tauchen. Den Teig in eine geölte Form geben, der Länge nach einen tiefen Keil in die Oberfläche schneiden. 2 bis 6 Stunden oder über Nacht stehen lassen. Bei 230 °C 20 Minuten auf der mittleren Schiene backen, dann weitere 40 Minuten bei 200 °C auf der oberen Schiene.

Blättriges Brot – sehr raffiniert

ZUTATEN

500 g Weizenmehl
etwas Salz
125 g Butter
2 TL Zucker
etwa 1/2 l Milch
1 Prise Safranfäden

Mehl und Salz in eine Rührschüssel sieben. Flüssige Butter (etwa 15 g übrig lassen!) einrühren, bis die Mischung krümelig wird. Den Zucker hinzufügen und mit etwa 300 ml Milch gründlich zu einem weichen Teig verkneten, dann in eine leicht geölte Schüssel geben. Zudecken und 2 Stunden an einem kühlen Platz ruhen lassen. Die restliche Milch gut erhitzen und die Safranfäden darin 1 1/2 bis 2 Stunden einweichen. Den Backofen auf 230 °C vorheizen und ein Backblech mit erhitzen. Den Teig auf einer bemehlten Fläche durchkneten und in 8 Portionen teilen. Je 4 Portionen zu Kugeln rollen, den Rest mit einem trockenen Tuch bedecken. Die ersten 4 Kugeln ausrollen (ca. 15 cm Durchmesser), mit einer Gabel einstechen und auf das heiße Blech im Ofen pressen. Etwa 8 Minuten backen, bis die Fladen braun werden. Beim Backen zwei Mal mit etwas Safranmilch besprengen. Restliche Butter schmelzen und die Fladen damit bestreichen. Mit den gebutterten Seiten aufeinander legen und in ein trockenes Tuch wickeln. Die restlichen Brote backen und alles warm servieren.

Pumpernickel

Zutaten

500 g Weizenschrot
250 g Roggenschrot
200 g Sonnenblumenkerne
100 g Sesam oder Leinsamen
500 g Weizenmehl
1 l Buttermilch
1 TL Salz
2 Päckchen Trockenhefe
1 Packung Rübenkraut

Weizenschrot, Roggenschrot, Sonnenblumenkerne, Sesam und Weizenmehl in einer großen Schüssel mischen. Buttermilch langsam erwärmen und nur lauwarm werden lassen. Hefe, Rübenkraut und Salz unter ständigem Rühren hinzufügen. Die lauwarme Buttermilch über das Schrotgemisch geben und alles gut vermengen. Den Teig in eine gefettete und mit Mehl bestäubte Kastenform geben. 2 3/4 Stunden im Heißluftherd bei ca. 130 °C backen; das Brot sollte mehr garen als backen. Anschließend mit Alufolie abdecken und zwei weitere Stunden im abgeschalteten Herd stehen lassen.

Eutiner Bierbrot

ZUTATEN

50 g Leinsamen
50 g Sonnenblumenkerne
50 g Sesam
1/8 l Wasser (60 °C)
125 g Natursauerteig
300 g Weizenmehl
175 g Roggenmehl
1/4 l Bier
20 g frische Hefe
15 g Salz
etwas Margarine

Die Saaten zusammen mit dem Wasser in eine Schüssel geben und 2 Stunden quellen lassen. Das Mehl in eine Schüssel geben, in die Mitte eine Mulde drücken und die Hefe hineinbröckeln. Die Hefe mit etwas Mehl vermengen. Sauerteig, das Bier, Salz und die gequollenen Saaten hinzufügen und zu einem glatten Teig verarbeiten. Diesen abdecken und an einem warmen Ort etwa 30 Minuten gehen lassen. Danach den Teig noch einmal gut durchkneten und zu einem Brotlaib formen. Ein Blech mit Margarine einstreichen, damit das Brot nicht festbackt, den Brotlaib auf das Blech legen und weitere 15 bis 20 Minuten gehen lassen. Das Brot kreuzweise einschneiden und mit Bier bestreichen. Das Brot in den auf 250 °C vorgeheizten Ofen einschieben, dann die Hitze auf 200 °C zurücknehmen. 50 bis 60 Minuten backen.

Holsteiner Schwarzbrot mit Sauerteig

Den Sauerteig mit lauwarmem Wasser und dem Roggenschrot verrühren. Unter einem Tuch an einem warmen Ort 24 Stunden ruhen lassen.

Für den Teig Roggenschrot in eine Schüssel geben, in die Mitte eine Mulde drücken, die Hefe hineinbröckeln und dann mit lauwarmem Wasser auflösen. Das Salz und den Sauerteig mit dem Roggenschrot zu einem Teig kneten. Den Teig unter einem Tuch an einem warmen Ort 30 Minuten ruhen lassen. Danach nochmals kräftig durchkneten und in eine Kastenform legen. Zugedeckt weitere 30 Minuten an einem warmen Ort gehen lassen. Die Oberfläche des Teiglings mit Wasser bestreichen und besprühen und in den auf 230 °C vorgeheizten Ofen geben. Nach 15 Minuten die Temperatur auf 180 °C zurücknehmen und bei dieser Tempera-

Fladenbrot

ZUTATEN
für 2 bis 3 größere, 6 kleinere
oder 12 sehr kleine, dünne Fladen

42 g Hefe
1/4 l lauwarmes Wasser
500 g Weizenmehl
1/2 TL Salz
Öl für Hände und Blech

ZUM BESTREICHEN
1 Eigelb
1 TL Zucker
1 TL Olivenöl
1 EL Wasser

Die Brote können auch einfach mit Wasser bestrichen und mit hellem und/oder dunklem Sesam und Kümmel bestreut werden.

Hefe in 1/8 l lauwarmem Wasser auflösen, Mehl in eine große Schüssel geben. In die Mitte eine Vertiefung drücken und die Hefemischung hineingeben, Salz an den Rand streuen. Von der Mitte aus die Hefe mit dem Mehl verrühren, das restliche Wasser zugießen, erst rühren, dann verkneten. Die Hände etwas einölen, damit der Teig nicht an den Fingern klebt. Er sollte weich und geschmeidig sein.
Den Teig an einem warmen Platz bedeckt 30 Minuten gehen lassen, bis er sich verdoppelt hat. Runde, flache Fladen formen, wobei die Ränder etwas dicker sein sollten als die Mitte, auf ein gefettetes Blech legen. Mit der Gabel einstechen.

Eigelb, Zucker, Olivenöl und Wasser verrühren. Fladen damit bestreichen (wahlweise nur mit Wasser) und mit Sesam und schwarzem Kümmel bestreuen. Das Brot nochmals 15 Minuten gehen lassen, dann im vorgeheizten Ofen bei 225°C 20 Minuten backen, bis sich das Brot golden färbt.

Schüttelbrot

ZUTATEN
100 g Roggenvollkornmehl
250 g Roggenmehl
250 g Weizenmehl
30 g Hefe
1 TL Zucker
1/4 l lauwarmes Wasser
2 EL Salz
1 TL Brotklee
3 TL Kümmel
1/8 l Buttermilch
4 EL Öl
Kleie fürs Backblech
1 Ei zum Bestreichen

Das vermischte Mehl in eine Schüssel geben und in die Mitte eine Vertiefung drücken. Die Hefe mit Zucker und Wasser auflösen und in die Mehlvertiefung einrühren. Das Salz auf den Mehlrand streuen, die übrigen Zutaten hinzufügen und mit der Buttermilch zu einem nicht zu festen Teig schlagen. Den Teig mit Mehl bestäuben und zugedeckt an einem warmen Ort 25 Minuten gehen lassen. Auf einer bemehlten Arbeitsfläche nochmals kurz durcharbeiten, in nicht zu große Stücke teilen, rund wirken, mit Mehl bestäuben und mit dem Nudelholz zu ca. 5 mm dicken Fladen ausrollen. Diese auf das mit Kleie bestreute Blech legen, mit dem verquirlten Ei bestreichen und mit einer Gabel mehrmals einstechen. Die Fladen nochmals 15 Minuten gehen lassen und im vorgeheizten Ofen bei 210°C 5 bis 10 Minuten backen. Nach dem Backen zum Trocknen auslegen.

BEI EINER GUTEN SÜDTIROLER BROTZEIT
DÜRFEN WÜRZIGER SPECK, MEERRETTICH UND DAS
HERZHAFTE SCHÜTTELBROT NICHT FEHLEN.

Honig-Salz-Brot

ZUTATEN

FÜR DEN ERSTEN ANSATZ
1/2 l Wasser
1 TL Meersalz
1 TL Honig
500 g Roggen, mittelgrob
geschrotet

FÜR DEN ZWEITEN ANSATZ
1/2 l Wasser
1 TL Meersalz
1 TL Honig
350 g Roggen, fein gemahlen
150 g Weizen, fein gemahlen

FÜR DEN HAUPTTEIG
500 g Weizen
1 EL Kümmel
1 EL Koriander
2 TL Fenchel
2 TL Anis
1 TL Salz zum Bestreuen
Haselnüsse, Sesam

Wenn Sie weder Hefe noch Sauerteig zu Hause haben, dafür aber viel Zeit – dann ist dieses Brot richtig!

Für den ersten Ansatz das Wasser abends auf 40 °C erwärmen. Das Salz und den Honig darin auflösen. Den Roggenschrot in die Backschüssel geben und mit dem Wasser verrühren. Den weichen, breiartigen Teig mit einem feuchten Tuch und einer Plastiktüte zudecken, damit die Oberfläche nicht austrocknet. Über Nacht, mindestens 12 Stunden im Backofen mit Licht gehen lassen. Am nächsten Morgen ist schon deutlich zu erkennen, dass die Gärung eingesetzt hat. Der Teig ist lockerer und voluminöser. Wenn man die Oberfläche aufreißt, sind kleine Gärungsbläschen sichtbar.

Für den zweiten Ansatz wieder Wasser auf 40 °C erwärmen und das Salz und den Honig darin auflösen. Das Honig-Salz-Wasser und das Mehl unter den ersten Ansatz rühren. Die Backschüssel wieder so zudecken, dass die Oberfläche des Teiges nicht trocken wird. Nochmals 4 bis 6 Stunden im Ofen gehen lassen. Eine längere Gärzeit schadet nicht.

Den Römertopf wässern. Wenn der Teig gut aufgegangen und gelockert ist, den Weizen für den Hauptteig mit den Gewürzen zusammen fein mahlen oder die Gewürze ungemahlen verwenden. Das Salz auf den Teig streuen und das gewürzte Mehl darunterrühren. Einen Römertopf aus dem Wasser nehmen und gut mit flüssiger Butter bestreichen. Mit Sesam ausstreuen.

Den Teig in die Form füllen. Mit einem nassen Löffel fest zusammendrücken und glatt streichen. Mit einem scharfen Messer ein Kreuz oder ein anderes Muster einritzen. Mit Haselnüssen verzieren oder die Oberfläche dicht mit Sesam bestreuen. Die Körner mit einem nassen Löffel andrücken, evtl. mit Ausstechförmchen ein Muster eindrücken. Den Deckel auflegen.

Das Brot mindestens 6 Stunden oder auch länger (bis zum nächsten Morgen oder Mittag) im Ofen gehen lassen. Die Gärzeit ist beendet, wenn der Teig um etwa ein Viertel aufgegangen ist, sodass er den Römertopf fast ausfüllt. Das Brot auf der untersten Schiene in den Backofen schieben und bei 150 °C 3 Stunden backen. Dann den Deckel abnehmen. Das Brot weitere 40 Minuten bei 200 °C backen. Anschließend noch 20 Minuten im ausgeschalteten Backofen stehen lassen.

Das Brot auf dem Kuchengitter eine Stunde abkühlen lassen, aus der Form stürzen und einen Tag lang auf dem Kuchengitter ausdünsten lassen, damit die Rinde abtrocknet. Im Römertopf aufbewahrt bleibt dieses Brot lange frisch.

GUTES BROT AUS DEM HOLZOFEN – MIT BESTER TRADITION.

Kuluris

ZUTATEN
1 kg Weizenmehl
100 g Weizensauerteig (vgl.
Herstellung von Sauerteig S. 74)
1 EL in Wasser aufgelöstes
Meersalz
schwarzer Pfeffer, Zimtrinde,
Gewürznelken und Muskatnuss,
alles im Mörser zerstoßen
300 ml lauwarmes Wasser
Ei zum Bestreichen

Alle Zutaten in eine Schüssel geben, vermischen und zu einem sehr festen Teig verarbeiten, bis er sich glatt anfühlt und die Fallprobe besteht. Dazu nimmt man ein faustgroßes Stück Teig und lässt es aus der Hand gleiten. Es soll langsam hinunterziehen. Nun daumendicke Stränge zu Kringeln formen und mit kleinen Teigteilchen und Gewürznelken verzieren. Auf Holzbretter legen und 2 Stunden zugedeckt ruhen lassen.
Dann mit Ei bestreichen und 20 Minuten bei 220 °C backen.

Kuluris sind ziemlich hart, halten lange und werden in Wasser aufgeweicht gegessen. Das Wasser, in dem sie aufgeweicht werden, nimmt den Geschmack der starken Gewürze an und wird zuletzt mit Genuss getrunken.

BACKEN UND BETEN – IN GRIECHENLAND
GEHÖRT AN DEN HOHEN CHRISTLICHEN FEIER-
TAGEN BEIDES UNTRENNBAR ZUSAMMEN.

Jakobs Roggenvollkornbrot

ZUTATEN
FÜR DEN SAUERTEIG
1,5 kg Roggenschrot
50 g Sauerteigansatz
1,4 l warmes Wasser (28 °C)

FÜR DAS QUELLSTÜCK
800 g Roggenflocken
50 g Kümmel
90 g Salz
1,1 l warmes Wasser (28 °C)

FÜR DEN TEIG
1350 g Roggenvollkornschrot
1350 g Roggen, fein gemahlen
35 g Salz
20 g Hefe
1,5 l Wasser
500 g Roggenbrösel

Der Biobäckermeister Jakob Itzlinger ist im Land Salzburg der einzige Bäcker, der in seinem Betrieb ausschließlich Bioware produziert. Sein Vater betrieb die Karlmühle in Faistenau bei Salzburg, eine sogenannte Lohnmühle. 10 Prozent des Getreides, das die Bauern zum Mahlen zu ihm brachten, durfte er als Lohn behalten und selbst zu Brot verarbeiten. Als Jakob 1983 mit seiner Biobäckerei startete, war es gar nicht so einfach, Biogetreide zu bekommen. Er ließ nicht locker und hat heute einen Betrieb, in dem 25 Menschen arbeiten. Sein Brot verkauft er fast ausschließlich auf den regionalen Märkten.

Hier sein Rezept für 10 kg Gesamtteig. Es ist nicht egal, ob Sie Brot in großer oder kleiner Menge machen. All die vielen Bakterien entwickeln sich anders in großen oder in kleinen Teigmengen. Wenn Sie dieses Rezept auf ein kleineres Maß abändern wollen, dann erhöhen Sie den Sauerteiganteil!

Die Zutaten für den Sauerteig miteinander verrühren und 20 Stunden bei 26 bis 28 °C Raumtemperatur reifen lassen.

Die Zutaten für das Quellstück miteinander verrühren und ebenfalls 20 Stunden bei 26 bis 28 °C Raumtemperatur quellen lassen.

Dann den Sauerteig und das Quellstück mit den restlichen Zutaten im Backtrog vermischen. Nach 20 Minuten Teigruhe den Teig zu gleich großen Teilen abwiegen und nach der Stückgare (wenn sich also Ihr Teigstück merklich gehoben hat) 15 Minuten bei 260 °C und weitere 45 Minuten bei 200 °C backen.

Jakobs Dinkelbrot

ZUTATEN
5 kg Dinkelvollkornmehl
3,3 l warmes Wasser (28 °C)
85 g Hefe
100 g Salz
160 g Honig
35 g Butter

Alle Zutaten werden zu einem mittelfesten Teig geknetet und nach ca. 2 Stunden Teigruhe in gleich große Stücke zu je 500 g geteilt und geformt: Je nach Stückgare werden die Teigstücke bei 240 °C ca. 30 Minuten gebacken. Dieser Teig kann auch gut zu Kleingebäck verarbeitet werden.

Kleine Brote, Rezepte

„Wer nicht aufs Kleine schaut, scheitert am Großen.“
LAOTSE

Leckere Vielfalt

Mehl, Wasser, Salz, Hefe – ein bisschen Butter, ein bisschen Zucker – back Brötchen draus!
Welche Welt liegt zwischen diesem einfachen Rezept und dem Straßenbrötchen von heute? Mein Bäckerfreund Jakob erzählte mir von einer sehr guten Traditionsbäckerei in Salzburg, die leider mittlerweile geschlossen ist. Die ehemaligen Kunden würden noch heute dem Kleingebäck von dort nachweinen.

Was war so besonders daran?

Die Bäckerei verwendete Schweineschmalz! Aber sag das mal einem Kunden von heute! Schwei-ne-schmalz! Kein Mensch würde heute nach solchen Brötchen greifen …

Grundrezept für kleines Gebäck

ZUTATEN

1 kg Weizenmehl Type 405
20 g Butter
20 g Zucker
20 g Salz
40 g Hefe
ca. 600 g lauwarmes Wasser

Backtemperatur: ca. 230 °C
Backzeit: 15 bis 20 Minuten

Alle Zutaten zuerst in einer Schüssel kneten. Den so entstandenen „rauen Teig" auf ein Brett legen. Jetzt folgen: Ziehen, Drehen, Schlagen, Drücken – bis sich der Teig vollkommen glatt anfühlt (er soll nicht glänzen, das weist darauf hin, dass er zu lange geknetet wurde; mit der Hand ist das allerdings kaum möglich). Den Teig ca. 30 Minuten zugedeckt ruhen lassen.

Nun erfolgt das „Vorlängen", das Aufteilen des Teiges in gleich große Stücke. Dazu die vorgerollten Teiglinge etwa 10 Minuten zum „Angaren" liegen lassen, so können sie später einfacher zu Kleingebäck weiterverarbeitet werden.

Machen Sie das Gebäck am Anfang nicht allzu klein, mit größeren Teigstücken gelingt es am Anfang besser.

Bestreichen Sie Ihre Brötchen mit Wasser. Die Oberfläche wird dadurch glänzend und elastisch, sie bräunen schöner und werden größer. Bevor Sie die Brötchen in den vorgeheizten Ofen schieben, ist es wichtig, Dampf hineinzubringen. Gut geeignet ist dafür eine Sprühflasche. Aber Achtung! Verbrennen Sie sich nicht!

Aus Strängen geformte Brötchen

Mit dem Grundrezept heißt es nun: üben, üben, üben … Seien Sie mit sich selbst nachsichtig. Erwarten Sie nicht zu viel beim ersten Mal! Kein Meister ist je vom Himmel gefallen, auch nicht der Bäckermeister!

Ein wenig Fingerfertigkeit gehört dazu: Das Flechten mit dem geschmeidigen Teig ist das Schwierigste an den ansonsten leicht zu fertigenden Kleingebäcken. Hier wird das Einstrangzöpfchen geformt.

Einstrangzöpfchen

Nehmen Sie einen Teigling und rollen Sie ihn gleichmäßig dick aus. Beim Rollen dürfen Sie ruhig fest andrücken! Nun arbeiten Sie wie von links nach recht abgebildet.

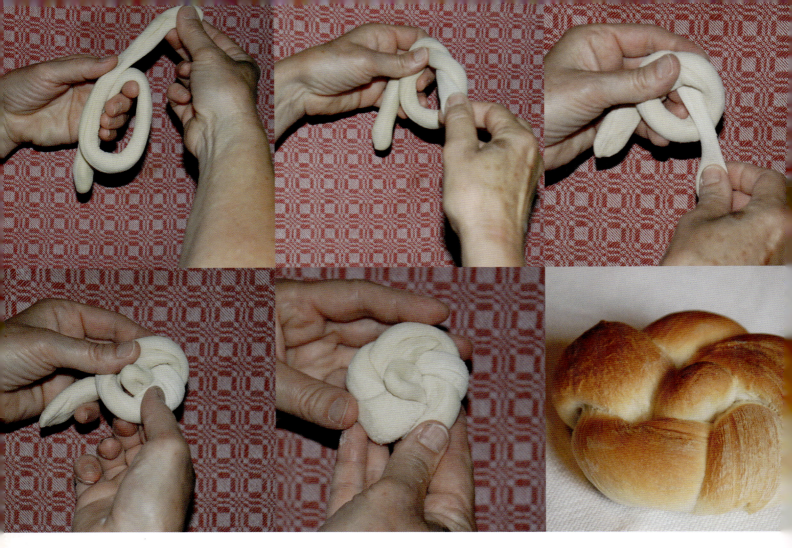

Knopfsemmeln

Nehmen Sie einen Teigling und rollen Sie ihn gleichmäßig dick aus. Beim Rollen dürfen Sie ruhig fest andrücken! Nun arbeiten Sie wie im Uhrzeigersinn abgebildet:
• senkrechter Strang unten
• waagerechter Strang oben
• oberer Stang rechts vorbei
• linker Strang unten durch
Diesen Vorgang dreimal wiederholen.

Wiener Knoten

Nehmen Sie einen Teigling nach dem anderen und rollen Sie ihn zu einem Strang, der in der Mitte dicker ist und an den Enden spitz ausläuft. Der untere Strang verläuft von ihrem Körper weg („senk-recht"), der obere von links nach rechts („waagerecht"). Versuchen

Sie sich ruhig daran, auch Knopfsemmel und Wiener Knoten zu flechten. Mit ein wenig Übung gelingt das ganz bestimmt. Geflochtenes Kleingebäck ist fast so etwas wie eine Liebeserklärung an das gemahlene Korn und an alle, die das selbst gemachte Gebäck genießen werden. Arbeiten Sie in der Bildfolge von links nach rechts.

Brezen

Für den Brezenteig arbeiten Sie noch zusätzlich etwas Mehl in das Grundrezept (vgl. S. 122) ein. Brezenteig muss etwas fester sein als Brötchenteig.

Die Stränge für eine Breze sind in der Mitte dicker und werden nach außen hin dünner, sie laufen jedoch nicht spitz zu. Stattdessen haben sie an den Enden kleine „Pratzerln". Die Breze muss „absteifen" und wird dazu nach dem Formen an einen kühlen Ort oder in den Kühlschrank gelegt. Das „Absteifen" ist wichtig, damit sich die Breze beim späteren Tauchen in Natronlauge (Soda oder Na_2CO_3) gut anfassen lässt. Den Backofen auf 230 °C vorheizen. Für das Tauchen der Brezen 3 l Wasser mit 300 g Natriumkarbonat in einem großen Topf zum Kochen bringen. Die Brezen der Reihe nach hineinlegen und mit einem Schöpflöffel herausnehmen, sobald sie an die Oberfläche kommen. Mit grobem Salz bestreuen. Auf ein bemehltes Backblech legen. Im Rohr mit der Sprühflasche Dampf machen und das Backblech schnell einschieben. Die Temperatur auf 200 °C reduzieren und die Brezen je nach Größe ca. 20 bis 30 Minuten backen, bis sie schön braun sind.

Fastenbrezen

Aus Brezenteig können Sie – allerdings ohne sie in Lauge zu tauchen – die sogenannten Fastenbrezen herstellen. Arbeiten Sie, wie im Rezept oben beschrieben. Fastenbrezen bleiben sehr hell, hart und sind lange haltbar.

DIE LAUGENBREZE IST WAHRLICH NICHT IRGENDEIN GEBÄCK. ZAHLLOSE SAGEN UND MYTHEN HAFTEN IHR AN, UND FÜR VIELE WIRD SIE SPÄTESTENS IN DER FREMDE ZUM INBEGRIFF VON HEIMAT. IM MITTELALTER DURFTEN NUR ZU BESTIMMTEN ZEITEN UND NICHT VON JEDEM BREZEN GEBACKEN WERDEN. SEIT BEGINN DES 14. JAHRHUNDERTS IST DIE BREZE DAS ZUNFTZEICHEN DER BÄCKER.

Kleingebäck aus dem Rundballen

HÖRNCHEN UND KIPFERL
Hörnchen und Kipferl werden wie Salzstangerl gearbeitet. Machen Sie lediglich die ausgerollten Fladen größer und legen Sie diese in Halbmondform aufs Backpapier oder Backblech. Hörnchen und Kipferl sind einfach herzustellen und sehen gut aus!

Für diese Gebäckarten schleifen Sie die Teiglinge zu runden Ballen. Legen Sie dazu eine Hand locker auf den Teigling und bewegen Sie Ihre Hand nun im Uhrzeigersinn ein paar Mal rundherum, bis Sie einen rund „geschliffenen" Ballen haben. Aus dieser Grundform heraus verarbeiten Sie den Teig weiter zu Salzstangerl und Schrippen.

Salzstangerl

Die rund geschliffenen Teiglinge ca. 10 Minuten liegen lassen zum „Angaren". Beim Ausrollen mit dem Rollholz die Arbeitsfläche gut bemehlen. Rollen Sie die Fladen länglich aus und bestäuben Sie den Teig immer wieder mit Mehl. 6 bis 8 Stück ausrollen und noch einmal 10 Minuten liegen lassen zum „anspringen", damit die Teiglinge leichter weiterverarbeitet werden können.

Dann an einer der kurzen Seiten einschlagen, die linke Hand zieht, die rechte Hand rollt und drückt. Der Schluss wird gut angedrückt. Noch einmal 10 Minuten gehen lassen. Dann mit Wasser bestreichen und mit grobem Salz und/oder Kümmel bestreuen. Dampf in den Ofen bringen. Im vorgeheizten Ofen 15 bis 20 Minuten bei etwa 220 °C knusprig backen.

STANGEN WERDEN DURCH IHRE SPEZIELLEN GEWÜRZE UNVERWECHSELBAR.

Schrippen/Langsemmeln

Schleifen Sie Teiglinge rund. Lassen Sie diese etwa 15 Minuten gehen. Drücken Sie den Daumen der Länge nach in die Teiglinge. Mit diesem Schluss nach unten setzen Sie die Teiglinge auf Backpapier und drehen sie erst vor dem Backen um. Bringen Sie Dampf in den Ofen und backen Sie Schrippen und Langsemmeln 15 bis 20 Minuten bei 220°C.

Brötchen/Kaisersemmeln

Für Brötchen/Kaisersemmeln die Teiglinge rund schleifen und ca. 15 Minuten liegen lassen. Mit viel Mehl auf ca. 15 cm Durchmesser flach drücken. Nun mit der Handkante drücken und den Rand in die Mitte legen. Das Ganze 5 Mal wiederholen. Noch einmal 10 Minuten ruhen lassen. Mit Wasser bestreichen. Im vorgeheizten Ofen bei 220°C ca. 15 bis 20 Minuten goldbraun backen. Dampf ins Rohr bringen!

Tipp
Wenn Sie zum Bestäuben dieses Gebäcks anstatt Weizenmehl Roggenmehl verwenden, reißen sie besonders schön auf.

JEDES BRÖTCHEN IST ANDERS. IHNEN ALLEN IST ABER GEMEINSAM, DASS SIE FRISCH GEBACKEN AM BESTEN SCHMECKEN UND BALD GENOSSEN WERDEN WOLLEN. JE WENIGER ROGGENMEHL SIE ENTHALTEN, DESTO SCHNELLER WERDEN SIE ALT. DANN HEISST ES: AUFBACKEN! SO RECYCELTE BRÖTCHEN ENTFALTEN EIN GANZ EIGENES AROMA.

Olivenbrötchen

Zutaten

Hefeteig nach dem Grundrezept
auf S. 122
150 g schwarze entsteinte Oliven
100 ml Olivenöl
schwarzer Pfeffer, frisch gemahlen
Salz
Öl für das Blech
1/2 l lauwarmes Wasser

Den Hefeteig nach dem Grundrezept auf S. 122 herstellen und das erste Mal gehen lassen.

Die Oliven in kleine Stücke schneiden und mit der Hälfte des Öls sowie dem Pfeffer in den Teig einarbeiten.

Den Teig in mehrere Stücke teilen, zu kleinen Broten formen und auf ein gefettetes Backblech legen. Zugedeckt an einem warmen Ort nochmals ca. 30 Minuten gehen lassen.

Im vorgeheizten Ofen bei 225 °C ca. 15 Minuten backen. Die Brote mit dem restlichen Olivenöl einpinseln und weitere 10 Minuten bei 200 °C backen.

Kräuterbrötchen

ZUTATEN

Hefeteig nach Grundrezept
auf S. 122
2 Zweige Thymian
2 Zweige Oregano
1 Zweig Rosmarin
2 Knoblauchzehen
2 rote Zwiebeln
Olivenöl

Den Hefeteig nach dem Grundrezept auf S. 122 zubereiten und 30 Minuten gehen lassen.

Die Kräuter waschen, zupfen und fein hacken. Die Zwiebeln und den Knoblauch schälen und ebenfalls klein hacken. Alles unter den Hefeteig kneten.

Den Teig in mehrere Stücke teilen, zu kleinen Broten formen und auf ein gefettetes Backblech legen. Zugedeckt an einem warmen Ort weitere ca. 15 Minuten gehen lassen.

Im vorgeheizten Ofen bei 225 °C ca. 15 Minuten backen. Die Brote mit Olivenöl einpinseln und weitere 10 Minuten bei 200 °C backen.

Die *Reisen* der *Bäckerin*

Brote der Welt

Ich liebe es, wie ein Hund durch die Welt zu schnüffeln, völlig frei mit dem Auto auf kleinen Straßen unterwegs zu sein, einer Spur zu folgen – ohne zu wissen, wo ich lande. Sabine Bauer und Annette Mäser versuchten genau das in ihrem Film „Die Eigenbrötlerin" filmisch festzuhalten. Jetzt kann ich mir selbst dabei zuschauen, wie ich das mache, dass mich Menschen an sich heranlassen. Es funktioniert über die Arbeit. Ich nehme eine Heugabel in die Hand und helfe mit. Oder: Ich setze mich auf die Straße zu Oumou in Burkina Faso und wir backen gemeinsam Krapfen. Ich mache das zu Hause nicht viel anders als sie in Westafrika! Wir haben keine gemeinsame Sprache, aber wir verstehen uns. Es gibt nur wenige Menschen, die mich gern auf meinen Reisen begleiten. Es ist anstrengend, immer wieder stehen zu bleiben, sich immer wieder auf dasselbe Thema einzulassen, fotografieren, warten, reden … Danke!

HEUTE FÜHRT APOLLONIA POILÂNE, DIE TOCHTER DES 2002 VERUNGLÜCKTEN LIONEL POILÂNE, DIE GESCHÄFTE IN DER RUE DU CHERCHE-MIDI IN PARIS UND IN BIÈVRES. SIE GEHT DEN VOM VATER BESCHRITTENEN WEG ERNSTHAFT UND KONSEQUENT WEITER UND LÄSST IN DIE ERERBTE TRADITION BEHUTSAM NEUES WISSEN UND NEUE ERFAHRUNG EINFLIESSEN. GANZ NACH DEM MOTTO: „LASSET UNS AM ALTEN SO ES GUT IST HALTEN. ABER AUF DEM ALTEN GRUND, NEUES SCHAFFEN JEDE STUND." VOLKSMUND

Poilâne/Paris – die größte Holz- ofenbrot-Manufaktur der Welt

In den 80er Jahren, als immer mehr Bäcker auf den Einsatz von Technik und Chemie zu setzen begannen, schlug Lionel Poilâne einen radikal anderen Weg ein. Er konzentrierte sich auf das reine Handwerk des Brotbackens. Holzofenbrot war seit Generationen das Markenzeichen des Unternehmens Poilâne gewesen; 1985 begann Lionel Poilâne, es im großen Stil nach alter Tradition zu produzieren. Vor den Toren Paris' schuf er den sogenannten „Camembert", die weltgrößte Produktionsstätte für Holzofenbrot.

Die „Manufacture Poilâne", dieses riesige, runde, weiße, ebener- dige Gebäude beeindruckt mit seiner bis ins Detail durchdachten Funktionalität und seinem außergewöhnlichen Design. Licht und Luft schaffen für die Bäcker eine beeindruckend gute Arbeitsat- mosphäre. Der „Camembert" liegt zwischen Weizenfeldern und Wald, den symbolischen Trägern des Holzofenbrotes, in Bièvres, ca. 20 Kilometer von Paris entfernt.
Im Zentrum des „Camembert" befinden sich in einer riesigen Halle ein Kran und ein gigantischer Holzlagerplatz. Von dort aus wird jeder Ofen mit relativ klein geschnittenen Hartholzscheiten bestückt.

Tag und Nacht sind 24 mit Holz befeuerte Öfen in Betrieb. An jedem dieser Öfen arbeiten drei Meister. Aber es sind keine Bä- ckermeister im herkömmlichen Sinne! Klassische Bäckermeister wären laut Poilâne „verbildet" und nicht dazu in der Lage, sich an die puristischen Regeln des Brotbackens zu halten, die hier gelten. Die Meister von Poilâne werden neun Monate im Haus ausgebildet, dann beherrschen sie die Kunst, Feuer und Teig in Perfektion miteinander zu verbinden. Sie sind vom ersten bis zum letzten Schritt selbst für ihr Brot verantwortlich. Alle zwei Stun- den kommen je 100 Brote in die heißen Öfen, alle zwei Stunden 100 Brote zu zwei Kilo das Stück in jeden der 24 Öfen, sechs Tage in der Woche.

Seit Kurzem wird das „Pain Poilâne" auch komfortabel in Schei- ben geschnitten, so verpackt und an Geschäfte und Restaurants verschickt. Täglich geht eine Lieferung nach New York. Auch in London wird Pain Poilâne seit Neuestem gebacken und verkauft. Welch ein Siegeszug einer schlichten Delikatesse!

Das Walliser Roggenbrot –
einmal im Jahr wurde gebacken

DER WERT DES SELBST-
GEMACHTEN ERSCHLIESST
SICH UNS ERST IN DER
NOT. SCHADE – DENN ALL-
TÄGLICHE DINGE MIT DEN
EIGENEN HÄNDEN HERZU-
STELLEN, KANN ZUTIEFST
BEFRIEDIGEND SEIN.

Törbel ist ein außergewöhnliches Dorf im Kanton Wallis in der Schweiz. Es liegt auf 1500 m Seehöhe und es gibt in diesem Dorf eine außergewöhnliche Geschichte, was das täglich Brot betrifft. Eine unglaubliche Geschichte.

Früher, in einer Zeit, als das Dorf noch nicht durch eine Straße erschlossen war, da heizten die Bewohner nur einmal im Jahr ihren Backofen an und backten den Vorrat fürs ganze Jahr. Man stelle sich vor: den Vorrat für das ganze Jahr! Jede Familie hatte das Backhaus für jeweils acht Stunden zur Verfügung. Tag und Nacht wurde in Schichten gebacken, zwei, drei Wochen lang, bis jede Familie genug gebacken hatte.

Die Frau, die mir das erzählte, heißt Susanne Hugo. 1995 gründete sie mit einigen anderen Wallisern den Verein „zur Rettung des Walliser Roggenbrotes": Der Geschmack dieses sehr schweren, säuerlichen Roggenbrotes sollte nicht ganz verloren gehen, auch heute nicht, wo die Walliser, wie die meisten von uns, zu einem guten Teil mit Industriebrot versorgt werden. Der Verein lädt Leute zum Backen und Verkosten ein, legte den „Sortengarten Erschmatt" an und betreut kleine Getreidefelder, auf denen alte Getreidesorten gezogen werden.

Susanne erzählte auch, dass früher viel weniger Brot gegessen wurde als heute. Das tägliche Brot bestand damals noch in erster Linie aus Brei. Brei ist ja eine Art ungebackenes Brot.

Da immer am 26. Dezember mit dem Backen begonnen worden war, hatte man bis ins Frühjahr hinein, bis die Tage wieder wärmer wurden, noch gut genießbares Brot. Schweres, gründlich durchgebackenes Roggensauerteigbrot bleibt lange haltbar. Es wurde auf dem zugigen, im Winter eiskalten Dachboden aufbewahrt. Wenn es dann im Sommer ganz austrocknete, wurde es auseinandergeschlagen und man nagte an den harten Brotstücken – hartes Brot ist nicht wirklich hart, kein Brot ist hart.

Diese Zeiten sind in Törbel lange vorbei. Den eigentlichen Umschwung brachte der Straßenbau. Die Leute begannen auswärts zu arbeiten, auswärts ihr Geld zu verdienen und auswärts einzukaufen. Eine alte Frau in Törbel erzählte mir, dass sie – vor dem Bau der Straße – fünf Stunden unterwegs gewesen sei bis ins nächste Geschäft. „Wenn du fünf Stunden gehen und alles auf dem Rücken nach Hause tragen musst, dann überlegst du sehr genau, was du brauchst und was nicht." Vieles bliebe heute in den Geschäften liegen, wenn wir es nach Hause tragen müssten, anstatt mit dem Auto zu fahren, selbst wenn wir nicht auf einem Berg wohnen …

Ostern in Olympos

„Du warst noch nie in Olympos?" Diese Frage stellte man mir immer wieder. Ich solle diese Insel besuchen, sagte man mir, weil dort der Duft nach Brot in der Luft liege … also beschloss ich eines Tages, mich dorthin auf den Weg zu machen.

Der Weg von meinem Bergdorf in Hohe Tauern bis ins südgriechische Olympos auf der Insel Karpathos zwischen Rhodos und Kreta ist ziemlich weit. Ich brach 2010 auf und feierte das griechisch-orthodoxe Osterfest im Bergdorf Olympos bei Marina und Marica Tschambanakis. Eine Woche lang backen und beten, backen und beten und noch einmal backen und beten. Tatsächlich verbrachten wir in der Kirche genauso viel Zeit wie in der Küche beim Zubereiten der vielen verschiedenen Brote und Speisen, ohne die dieses höchste aller Kirchenfeste nicht denkbar wäre. Das Zubereiten der Speisen ist wie der Kirchgang ein Teil des Festes. Dazu gehören:

Psomi: große Laibe aus Weizenmehl, Weizensauerteig, Wasser und Salz
Prosforea: Osterbrote mit rot gefärbtem Osterei in der Mitte, aus dem gleichen Teig wie Psomi, aber mit einer kräftigen Gewürzmischung
Kuluri oder Harkas: sehr hart gebackene Brotkringel
Vizandi: mit Leber und Reis gefüllte Ziege
Magiritsa: Suppe unter anderem aus Ziegendarm gemacht
Kefalopoa: Suppe aus dem Kopf und den Beinen der Ziege
Loukumades: kleine Hefeteigkrapfen mit Honig und Zimt

VOR DEN HOHEN KIRCHLICHEN FEIERTAGEN HERRRSCHT IN DEN KÜCHEN VON OLYMPOS BESONDERS GESCHÄFTIGES TREIBEN.

Olympos ist für Holzofenbrotbäcker das Paradies. Man geht ein paar Schritte und schon wieder ist da ein Brotbackofen. Manche sind in Betrieb, andere nur noch Ruinen. Jeden Samstag wird gebacken und das ganze Dorf duftet dann nach Brot. Das ganze Jahr. Zu Ostern wird da noch ein Schäuflein nachgelegt und mit bewundernswerter Hingabe stundenlang an den aufwendigen Verzierungen der Osterbrote gearbeitet. Zwischendurch wird in die Kirche gegangen, zu (beinahe) jeder Tages- und Nachtzeit.

ES IST IMMER WIEDER DAS-
SELBE PRINZIP, DAS BEIM
BROT BESTICHT: EINFACH
UND GUT. WARUM IST ES
MANCHMAL SO SCHWIERIG,
DIESES PRINZIP AUCH AUF
DAS LEBEN ZU ÜBERTRAGEN?

Der beste Holzofenbrotbäcker von New York

Im Juni 2010 fand in New York das vierte internationale NYC-FoodFilmFESTIVAL statt. Dort wurde auch der Film „Die Eigenbrötlerin" gezeigt, über meine Arbeit im Zusammenhang mit Holzofenbrot. Wie schon der Titel FoodFilmFESTIVAL sagt, ging es dabei ausschließlich ums Essen. Das Festival war interessant und ebenso verrückt – all das, was man sich wohl von so einer Veranstaltung in einer Stadt wie New York erwarten darf.

Nach jeder Filmvorführung wurde das, was man vorher im Film gesehen hatte, zum Kosten gereicht. Nach dem Film über die Austernproduktion in den USA gab es Austern aus verschiedenen Gebieten zu probieren, nach „Beer-war" eine riesige Bierbar und nach dem Film „Hamburger" von George Motz, einem der beiden Festivaldirektoren, gab es die besten Hamburger, die ich jemals gegessen habe – wobei ich zugeben muss, dass ich mich bis dahin nicht wirklich viel mit Hamburgern beschäftigt hatte. Nach dem Film über das Schwulen- und Lesbenlokal „Florint" wurde ein Striptease „serviert" … Natürlich sollte es also nach dem Film über die „Eigenbrötlerin" auch Holzofenbrot geben. Da es mir nicht möglich war, Holzofenbrot aus Österreich mitzubringen, besorgten die Veranstalter welches, beim, ihrer Aussage nach, „besten Holzofenbrotbäcker von New York". Ich war sehr neugierig darauf.

Das Brot war einem „Pain de Campagne" sehr ähnlich, dem französischen Landbrot, und es schmeckte ausgezeichnet. Natürlich wollte ich seinen Schöpfer unbedingt kennenlernen, aber er war nach der Vorstellung nicht anwesend. Auch am zweiten und am dritten Festivaltag lief er mir nicht über den Weg … sollte ich tatsächlich wieder nach Hause fliegen müssen, ohne diesen „besten Holzofenbrotbäcker von New York" kennengelernt zu haben? Die Organisatoren des Festivals waren natürlich mit vielen anderen Dingen beschäftigt, sie hatten keine Zeit, sich um meine Bedürfnisse zu kümmern. Aber sie gaben mir die Adresse des Bäckers in Brooklyn. Zur Bäckerei sollte ein sehr gutes Restaurant mit dem Namen „Roberta's" gehören.

Auf dem Weg dorthin mussten wir mehrmals nach der Straße fragen. Doch keiner der Busfahrer, an die wir uns wandten, kannte die Straße. Der erste Taxifahrer, den wir anhielten, sagte uns, die Adresse läge zu weit außerhalb des Zentrums, er würde uns nicht dorthin bringen. Das erstaunte uns doch ziemlich. Der zweite Taxifahrer fragte uns, was wir dort suchten, dort gäbe es wirklich gar nichts mehr von Interesse – schon gar nicht ein gutes Restaurant oder einen berühmten Bäcker. Er würde mit uns zu einem Italiener fahren, der backe sehr gutes Brot! Nun, das war es nicht, was wir wollten … wir wollten zu Roberta's! Schließlich erklärte er sich bereit, uns zu fahren, es wäre aber ziemlich weit. Wir beschlossen, in diese Taxifahrt zu investieren.

Die Gegend wurde tatsächlich immer öder, von Manhattan waren wir schon eine Ewigkeit entfernt; das hier war eine völlig andere Welt! Am Ende unserer Fahrt standen wir vor einer Art Garage. Graue, unverputzte Eternitblöcke, eine Tür. Darüber zwar die Aufschrift „Roberta's", aber das Ganze wirkte alles andere als einladend. Es musste ein Irrtum sein. Wir wollten uns schon auf den Rückweg machten, da beschloss ich, wenigstens einen Blick hinter diese Tür zu werfen. Ich öffnete sie – und erblickte sofort den Ofen! Das war Roberta's: Ein brechend volles Lokal, die Leute standen Schlange, um einen Platz zu bekommen. Kein Restaurant der Sorte „großer Teller, wenig drauf", sondern alles ganz nach dem Motto „einfach, frisch und sehr gut". Mitten im Raum stand der Ofen, in dem Pizza gebacken wurde, Bänke und Tische waren aus massivem Holz, es gab sehr gute Weine und in den Regalen überall sichtbar: DAS BROT!

Da auch wir nicht gleich einen Platz bekamen, schauten wir uns erst einmal um. Wir gingen in den Hinterhof hinaus. Alte Badewannen und Autoreifen dienten hier als Gemüsebeete, Glashäuser standen auf den Dächern, Blumen, Kräuter und Gemüse wuchsen dort und mittendrin stand eine Hütte zum Brotbacken mit dem Ofen, nicht größer als mein eigener auf der Alm. Keine Knetmaschine, keine anderen technischen Hilfen, nichts davon. Alles einfach und alles gut. Vor allem – ein fantastisches Brot!

„Farmers on the roof" nennt sich die Gruppe von jungen Männern und Frauen, die hier wirtschaften und backen: Bauern auf dem Dach. Ein Drittel des Gemüses, das diese Leute im Lokal anbieten, wird auf den Dächern in Brooklyn angebaut. Sie nutzen jeden ihnen zur Verfügung stehenden Quadratmeter dafür aus. Die Frage nach der Verschmutzung der Nahrungsmittel durch abgasreiche Luft ist nur einer von vielen Faktoren, der beim Anbau bedacht sein will, hier schien er mir eher unwesentlich. Erde, Saatgut, Pflanzen, Dünger, Wasser, Spritzmittel, Arbeitsbedingungen und mehr – das alles zusammen spielt eine Rolle und macht den Wert des Ganzen aus.

Als wir am Abend Harry Hawk, dem zweiten Festivaldirektor von unserem Ausflug zu Roberta's erzählten, meinte er lapidar: „It's a good place, isn't it?", gerade so, als ob es die einfachste Sache der Welt wäre, Roberta in New York zu finden. Übrigens: Der beste Holzofenbrotbäcker von New York ist eine Frau.

Oumou, die Krapfenbäckerin

Jeden Tag sitzt Oumou Sawadogo am Rande einer Straße in der Stadt Ouahigouya (Burkina Faso in Westafrika). Sie sitzt am Rande einer wenig belebten Straße und bäckt in einer großen schwarzen Pfanne am offenen Feuer Krapfen in heißem Öl. Oumous Krapfen unterscheiden sich kaum von unseren. Der Teig aus weißem Mehl, Hefe, Salz und Wasser wird mit einer Fisch-Zwiebelmasse gefüllt.

Oumous Herd besteht aus drei Steinen. Darüber die Pfanne mit heißem Öl. Darunter das Feuer. Ein großer, bunter Teller aus Blech ist ihre Arbeitsfläche. Damit deckt sie die Plastikschüssel ab, in der ihr Teig ruht. Die fertigen, noch unverkauften Krapfen kommen in eine kleine Holzkiste, die sie später auf dem Kopf balancierend in die Schule tragen wird, um sie dort zu verkaufen. Oumou sitzt auf ihrem niedrigen Holzschemel und bäckt Krapfen. Sie sitzt und bäckt, lacht und scherzt, nimmt Geld entgegen. Einen alten Mehlsack reißt sie in Stücke, um die Krapfen einzuwickeln. Das alles geschieht ohne jede Hektik. Ein Kommen und Gehen. Männer, Frauen und Kinder holen sich täglich zwischen sieben und halb zehn Uhr bei Oumou ihr Frühstücksgebäck. Dort, wo Oumou sitzt, fährt kein Auto. Ihre Kunden kommen zu Fuß oder mit dem Fahrrad, manche halten ihr Moped an.

Sieben Mal in der Woche geht Oumou nachmittags zwei Kilometer zum Markt und kauft drei Kilo Weizenmehl, einen Fisch, fünf Zwiebeln, Hefe, Öl und Salz. Gerade so viel, wie sie für den kommenden Tag braucht. Sie trägt das alles auf dem Kopf. Jeden Morgen steht sie um vier Uhr auf, bereitet den Teig, brät Zwiebeln und Fisch für die Füllung. Ihr Mann Osseini und ihre vier Kinder Fatimata, Oumar, Aminata und Kalidou essen Krapfen zum Frühstück.

Das Haus, in dem Oumou mit ihrer Familie lebt, gleicht einer Baracke. Vier Familien, insgesamt 25 Personen, leben hier. Die vier Männer arbeiten beim Militär. Das langgezogene, aus gebrannten Ziegeln errichtete Gebäude besitzt vier Eingangstüren, für jede Familie eine. Hinter jeder Tür liegt ein Schlafplatz für die Kinder und – durch eine Wand getrennt – der Schlafplatz für die Eltern. Ein alter Campingsessel. Ein Schrank. Kein Tisch. Die Küche, ein winziges Nebengebäude im Hof, besteht aus drei Feuerstellen auf dem Boden. Der Fußboden ist Arbeitsfläche. Das wenige Geschirr hängt an der Wand, Vorräte gibt es so gut wie keine. Man lebt nicht im Haus, sondern draußen, im von einer Mauer umgebenen Innenhof und auf der Straße.

Das Geld, das Oumou mit dem Verkauf der Krapfen verdient, ermöglicht ihren Kindern den Besuch einer Schule. Keine Selbstverständlichkeit in Burkina Faso. In der Regenzeit baut sie Gemüse an, außerdem füttert sie drei Ziegen. Nicht etwa wegen der Milch.

SCHLIESSEN SIE DIE AUGEN UND DENKEN SIE AN BROT. WIE SIEHT ES AUS? IHRE ANTWORT AUF DIESE FRAGE VERRÄT MEHR, ALS SIE MEINEN.

Diese reicht gerade aus, um die jungen Zicklein zu säugen, die später verkauft werden. Gerichte mit Milch und Eiern gibt es auf ihrem Speiseplan keine. Getrunken wird ausschließlich Wasser, kein Tee, kein Kaffee. Zu Brei gestampfte und gekochte Hirse und Mais, mit Pottasche versetzte Bohnen bilden ihre Hauptmahlzeiten. Einmal in der Woche gibt es Fleisch. Huhn, Ziege oder Schaf. Das einzige Brot, das man hier kennt und kaufen kann, ist das von den ehemaligen französischen Kolonialisten eingeführte und geschätzte Weißbrot. Ein absoluter Luxusartikel, den Oumou zwar kennt, jedoch nicht kauft.

Oumou lebt wie all die Frauen, die ich um sie herum kennenlernen durfte, von einem Tag zum nächsten. Sie leben im Heute. Nicht gestern, nicht morgen. Die Stunden, die ich mit ihr verbrachte, waren heiter und fröhlich. Solange ich auch darüber nachdenke, ich erinnere mich in dieser Zeit an kein einziges griesgrämiges, verhärmtes, unzufriedenes, gehetztes Frauengesicht, weder ein altes, noch ein junges.

Heute bin ich wieder zurück in meiner Welt, in der Autos, Telefone, Waschmaschinen und Staubsauger sausen, läuten und lärmen. Zurück bei Kontoauszügen, Steuererklärungen, Versicherungen und Strafmandaten. Was würdest Du sagen, Oumou, wenn Du meine Welt hier sehen, riechen und hören könntest? Ich fürchte, sie wäre für Dich sehr laut und sehr kalt. Gegen Dein Heimweh würde ich in unserem alten Holzherd Feuer machen, die Pfanne mit dem Öl aufsetzen und mit Dir Krapfen backen.

EIN LICHTBLICK IN DER KARGEN LANDSCHAFT: DENNOCH, OUMOUS KRAPFEN IN AFRIKA UNTERSCHEIDEN SICH NUR UNWESENTLICH VON SCHMALZGEBÄCK IN EUROPA.

Fladen

Ich erinnere mich daran, als zum ersten Mal Kinder aus Afrika bei mir zu Besuch waren. Es waren Sahrauis, Kinder eines Volkes aus der Westsahara, das seit 1976 dort in Flüchtlingslagern lebt und zur Gänze auf Hilfe von außen angewiesen ist.

Diese Kinder nahmen meinen Brotteig in die Hand und machten daraus Fladen. Natürlich! Brotlaibe, wie wir sie kennen, waren ihnen bis dahin unbekannt: Brot ist für sie flach und dünn! In anderen Köpfen hat es hoch und rund zu sein, weiß oder dunkel. So ist das mit Brot: Jeder hat schon vorher eine Meinung darüber, wie es aussehen soll.

Weltweit stellen Fladenbrote die am weitesten verbreitete Zubereitungsart für Brot dar. Sie sind allen ackerbauenden Kulturen bekannt. Das hauchdünne Fladbrod in Norwegen, arabische Khubz, türkische Pide, griechische Pita, jüdische Matzen, indische Chapati, mexikanische Tortillas, Schüttelbrote aus Südtirol und viele andere. Dass diese Fladen auf der ganzen Welt so weit verbreitet sind, ist nicht verwunderlich. Sie zu machen ist einfach und geht sehr schnell! Fladen können außerdem Ersatz für Besteck, Teller oder sogar Tischtuch sein.

Während eines Aufenthaltes in der Wüste Sinai konnte ich Faradschallah dabei zusehen, wie er für unsere Gruppe Fladen backte. Auf einem Mehlsack aus einer Art gewebtem Plastik knetete er seinen Teig, der aus nichts weiter als aus weißem Mehl, sehr wenig Salz, etwas Öl und Wasser bestand. Die Teigmasse teilte er in tennisballgroße Kugeln und ließ sie kurz ruhen, bevor er sie mit den Fingern zu kreisrunden, dünnen Platten klopfte. Gebacken wurden sie auf einem vom Holzfeuer erhitzten, leicht gewölbten, runden Blech. An manchen Tagen legte er seine Fladen einfach in die heiße Asche. Dann blieben sie relativ weich. Ob hart gebacken oder weich, Brotfladen gab es an allen Tagen und zu jedem Essen.

Am Ende unserer mehrtägigen Tour stellte ein Teilnehmer fest: „Wir haben gut gegessen hier. Das hatte ich mir nicht erwartet." Ich dachte: „Hier haben fünf Beduinen jeden Tag für uns absolut alles frisch zubereitet: Brot gebacken, Gemüse und Obst geputzt, gekocht, eine Ziege und Hühner geschlachtet, ausgenommen, gebraten. Vermutlich war dieses Essen von besserer Qualität, als wir alle das zu Hause haben ..."

ARCHAISCH UND KÖSTLICH – FLADEN IM SINAI.

Kochen und Backen mit Brot

Leben mit Brot: Brot-Zeit

Als meine Schwester 1970 zum ersten Mal als Au-Pair-Mädchen nach London fuhr, erzählte sie, dass in ihrer Gastfamilie täglich frisches Brot gekauft und das alte weggeworfen werde. Damals versuchte ich mir das bildlich vorzustellen: Wirf ein halbes Brot in einen Abfalleimer! Es war un-vor-stellbar! Heute, im Jahr 2010, fand ich dieses Inserat in einer Salzburger Zeitung:

Unser täglich Brot gib uns heute … sagt die Mülltonne. Denn jedes fünfte noch essbare Brot landet dort. Nur 85 % des gekauften Brotes werden auch gegessen. Das heißt, dass 20 000 Hektar Getreide in Österreich „sinnlos" angebaut werden und dadurch 7500 Tonnen CO_2 in der Luft landen. Soviel, wie 31 000 PKW pro Jahr ausstoßen. Kaufen Sie genug, aber nicht zu viel. Und: Kaufen Sie richtig, entsorgen Sie richtig. Danke!

Arme Ritter

ZUTATEN

8 Scheiben Weißbrot
2 Eier
150 ml Milch
Butter
7 EL Zucker
1 EL Zimt
250 g Birnen
150 ml Birnensaft
2 EL Rosinen
1 TL Zimt

Die Birnen schälen, entkernen und in Stücke schneiden. Zusammen mit dem Birnensaft, den Rosinen, 1 TL Zimt und 1 EL Zucker in einem Topf mischen und aufkochen. Bei niedriger Hitze ca. 10 Minuten ziehen lassen und beiseite stellen.

In einer flachen Schüssel die Eier mit der Milch verquirlen. In einer weiteren flachen Schüssel den restlichen Zucker mit 1 EL Zimt vermischen.

Die Weißbrotscheiben in das Eier-Milch-Gemisch legen. In einer Pfanne etwas Butter zerlassen und die Brotscheiben portionsweise von beiden Seiten goldgelb anbraten. Nach dem Braten gleich in der Zimt-Zucker-Mischung wenden.

In grobe Stücke reißen und mit dem Birnenkompott servieren.

Brotauflauf mit Äpfeln

ZUTATEN

300 g Briochebrot
300 ml Milch
2 EL Zucker
2 EL Wasser
4 Eier
1 Päckchen Vanillezucker
2–3 Äpfel
3 EL Zucker
Puderzucker zum Bestäuben

2 EL Zucker in einem beschichteten Topf karamellisieren lassen. Mit 2 EL Wasser ablöschen und rühren, bis sich der Karamell gelöst hat. Nach und nach etwa 100 ml Milch unterrühren. Wenn alles gut gelöst ist, vom Herd nehmen und die restliche Milch aufgießen.

Den Ofen auf 180 °C vorheizen. Das Briochebrot in Würfel schneiden und in eine Schüssel geben. Die Eier mit der Karamellmilch verquirlen und über die Brotwürfel geben. Die Mischung ca. 15 Minuten ziehen lassen.

Die Äpfel schälen, entkernen und in feine Spalten schneiden. Mit dem Zucker vermengen und ca. 10 Minuten stehen lassen. Die Apfelspalten unter die Briochewürfel mischen und in eine Auflaufform geben. Im vorgeheizten Ofen in der Mitte ca. 45 Minuten backen. Vor dem Servieren mit Puderzucker bestäuben.

Kirschmichl

ZUTATEN
8 alte Semmeln
150 g Butter
4 Eigelb
150 g Zucker
150 g gemahlene Nüsse
etwas Zimt
Kirschen oder Weichseln nach
Geschmack
4 Eiweiß

Die Semmeln in sehr dünne Scheiben schneiden, mit heißer Milch übergießen. Die übrigen Zutaten vermischen und in diese Masse die zerpflückten Semmeln geben und unterheben. Zuerst 10 Minuten bei 180 °C „anbacken" (die Oberfläche soll sich trocken anfühlen). Dann erst die Kirschen darauf verteilen und den Eischnee und weitere 20 Minuten in einer gefetteten Form herausbacken. Wenn man die Semmeln fein würfelt, lässt sich der Kirschmichl auch wunderbar in kleinen Papierförmchen backen.

Zwetschgenpofesen

ZUTATEN
8 dünne Scheiben Weißbrot
Pflaumenmus
1/4 l Milch
1/2 TL Zimt
3 EL Zucker
3 Eier
Butterschmalz zum
Herausbacken
1 Prise Salz

Altes Weißbrot in sehr dünne Scheiben schneiden. Eine Scheibe dick mit Pflaumenmus (aus gedörrten Plaumen, wie traditioneller Powidl) bestreichen und eine zweite Scheibe daraufsetzen.
Aus Milch, Eiern, 1 EL Zucker und der Prise Salz einen flüssigen Eierteig rühren. Die Weißbrotscheiben darin eintauchen und in reichlich Öl oder Butterschmalz herausbacken. In mit Zimt gemischtem Zucker wälzen, am besten noch warm servieren. Schmeckt auch gut mit Vanilleeis.

Ritter der Kokosnuss

ZUTATEN
4 Milchbrötchen
2 Eier
200 ml Kokosmilch
50 g Zucker
1 Prise Salz
140 g Kokosraspel
etwas Butterschmalz

Eier, Kokosmilch, Zucker und Salz gut miteinander verquirlen. Die Milchbrötchen in Scheiben schneiden und nacheinander in die Eiermasse legen. Wenn sie sich gut mit der Mischung vollgesogen haben, in den Kokosraspeln wenden.
Etwas Butterschmalz erhitzen und die Brotscheiben darin auf beiden Seiten goldgelb braten. Dazu passt Erdbeersoße.

FRISCHE FRÜCHTE WIE KIRSCHEN ODER PFLAUMEN MACHEN SÜSSE BROTREZEPTE ZU EINER BESONDEREN DELIKATESSE – LINKS OBEN: KLEINE KIRSCHMICHL. RECHTS OBEN: ARME RITTER. LINKS UNTEN: ZWETSCHGEN-POFESEN. RECHTS UNTEN: RITTER DER KOKOSNUSS.

Scheiterhaufen

ZUTATEN
50 g zerlassene Butter
500 g säuerliche Äpfel
1 TL Zimt
1 EL Zucker
5 alte Semmeln
1/4 l Milch
3 Eier
3 Eiweiß
2 EL Puderzucker

Die Butter in der Auflaufform schmelzen lassen. Die Äpfel schälen, in dünne Spalten schneiden und mit Zimt und Zucker vermischt dünsten. Alte Semmeln in dünne Scheiben schneiden und abwechselnd mit den Äpfeln in die Auflaufform schichten. Mit dem Gemisch aus erwärmter Milch und den Eiern übergießen und 15 Minuten stehen lassen.

Das Eiweiß mit dem Puderzucker zu Eischnee schlagen und auf dem Scheiterhaufen verteilen. Im vorgeheizten Ofen bei 180 °C ca. 40 Minuten backen.

Brottorte 1

ZUTATEN
300 g Zucker
5 Eigelb
150 g Schwarzbrotbrösel
1 EL süße Sahne
Vanillezucker
5 Eiweiß
150 g Haselnüsse
1 TL Backpulver
etwas Rum

Zucker und Eigelb schaumig rühren. Die mit Rum befeuchteten Schwarzbrotbrösel, Vanillezucker und die Sahne untermengen. Zuletzt den steif geschlagenen Eischnee mit den geriebenen Haselnüssen und dem Backpulver unterheben. Die Masse in eine gefettete Tortenform geben und bei 180 °C ca. 50 Minuten backen. Nach dem Abkühlen mit einer Zucker-, Zitronen- oder Rumglasur überziehen.

Brottorte 2

ZUTATEN
2 Eier
6 Eigelb
150 g Zucker
150 g Haselnüsse
6 Eiweiß
50 g geriebene Schokolade
50 g Orangeat und Zitronat oder getrocknete Aprikosen
50 g Brotbrösel
geriebene Zitronenschale
gestoßene Nelken
1 TL Rum

Die Eier, das Eigelb, Zucker und geriebene Nüsse schaumig rühren. Das Eiweiß zu Schnee schlagen, geriebene Schokolade, fein geschnittene Aprikosen, gestoßene Nelken und die mit Rum befeuchteten Brotbrösel unterheben. Diese Masse in einer gefetteten Tortenform bei 180 °C 60 Minuten backen. Mit Rumglasur überziehen.

Spinatsuppe

Spinat mit wenig Wasser bei mäßiger Hitze zerfallen lassen, ausdrücken und für die spätere Verwendung zur Seite stellen. 1 EL Butter und eine Prise Salz in einen Topf geben, aufkochen, vom Herd nehmen und abkühlen lassen. 3 EL geriebenen Parmesan dazugeben, ein wenig geriebene Muskatnuss und die Eier vorsichtig verrühren.

Fleischbrühe erhitzen, Spinat dazugeben und ziehen lassen, dann die Ei-Parmesan-Masse in die Suppe geben und so erhitzen, dass sie stockt. Butter in einer Pfanne erhitzen, Brotscheiben darin rösten. Die Suppe in Suppentassen geben, geröstete Brotscheiben hineinlegen, zum Schluss mit geriebenem Parmesan bestreuen.

Original Toskanische Brotsuppe

ZUTATEN
2 EL Olivenöl
2 große Zwiebeln
2 Knoblauchzehen
250 g Karotten
250 g Staudensellerie
100 g Kartoffel
500 g Weißkohl
800 g Wirsing
500 g gekochte weiße Bohnen
(entspricht 200 g getrockneten
Bohnen)
1 Dose geschälte Tomaten
etwas altes, dunkles Brot

Zwiebel und Knoblauch in heißem Öl anbraten, nicht bräunen. Nach und nach das grob gehackte Gemüse dazugeben, dann die weißen Bohnen. Nun kann man das Gemüse mit dem Pürierstab etwas zerkleinern oder auch ganz lassen. Die geschälten Tomaten samt Saft dazugeben, salzen. Mit Wasser auffüllen, dann 30 bis 50 Minuten köcheln lassen. Mit vielen frischen Kräutern abschmecken, z. B. Liebstöckel, Petersilie, Oregano, Basilikum. Die Suppe in die Teller schöpfen, das alte Brot darauf legen, mit Olivenöl beträufeln und mit geriebenem Parmesan bestreuen.

Brotsalat

ZUTATEN

300 g Baguette
1 rote Zwiebel
4 Tomaten
200 g Gurke
1 kleine gelbe Zucchini
1 Dose Thunfisch im eigenen Saft
2 kleine gebratene Hühnerbrüste
1/2 Bund Petersilie
1 Knoblauchzehe
3 EL Aceto balsamico
3 EL Rotweinessig
7 EL Olivenöl
Salz und Pfeffer

Das Baguette in Scheiben schneiden und in etwas Olivenöl anrösten.

Die Zwiebel in feine Streifen schneiden und die Tomaten würfeln. Die Gurke und die Zucchini gut abwaschen und in Scheiben schneiden. Das Gemüse in einer Schüssel vermischen.

Den Thunfisch abtropfen lassen und die gebratenen Hühnerbrüste klein schneiden. Beides unter den Salat mischen,

Den Essig mit Salz, Pfeffer und Olivenöl in einer kleinen Schüssel verrühren. Die Petersilie und den Knoblauch hacken und unter das Dressing mischen. Dann das Brot mit dem Salat mischen und das Dressing darübergeben. Alles ca. 30 Minuten ziehen lassen.

Brot-Tartiflette

Den Ofen auf 220 °C vorheizen. Das Brot in 1 cm dicke Scheiben schneiden. Die Zwiebel in feine Streifen schneiden und in etwas Butter andünsten. Die Radicchioblätter waschen und trocken schütteln.

Eine flache Auflaufform ausbuttern und die Brotscheiben, die gedünsteten Zwiebeln und die Radicchioblätter hineingeben.

Die Schmiere und den weißen Schimmelbelag vom Reblochon abkratzen und den Käse waagerecht halbieren. Die beiden Hälften mit der Rinde nach oben auf die Brotscheiben setzen. Damit der Käse beim gratinieren schöner auseinanderfließt, die Rinde sternförmig etwas einschneiden. Die Tartiflette im vorgeheizten Ofen ca. 15 Minuten gratinieren und heiß servieren. Dazu passt grüner Salat.

Gefülltes Brot

ZUTATEN
1 weißes Stangenbrot
250 g Hackfleisch
125 g Mett, 1 Ei
1 EL Semmelmehl
1 klein gehackte Zwiebel
Salz, Pfeffer, Muskat
1–2 EL Tomatenmark
150 g Emmentaler, gewürfelt

Alle Zutaten gut vermischen, den Käse erst zum Schluss dazugeben. Das Stangenbrot halbieren und das weiche Innere herausnehmen. Mit der Masse füllen und 20 Minuten bei 220 °C backen. Das Brot dabei eventuell mit Folie abdecken.

Das Brot aufgeschnitten und mit Kartoffelsalat servieren.

Schinken-Käse-Brot

ZUTATEN
300 g Emmentaler
150 g gekochter Schinken
1/8 l Sahne

Den Emmentaler reiben. Den gekochten Schinken klein würfeln. Alles mit der Sahne verrühren und ein gutes Brot damit bestreichen. Bei 200 °C im Backofen backen, bis der Käse zerlaufen ist.

Bruschetta mal zwei

ZUTATEN
Ciabatta
2–3 Knoblauchzehen
3 EL Olivenöl
2 rote Zwiebeln
4 EL Aceto balsamico
3 Tomaten
Salz, Pfeffer
Basilikum

Die Zwiebeln in feine Streifen schneiden und mit etwas Olivenöl andünsten. Mit dem Aceto balsamico ablöschen und den Essig einreduzieren lassen.
Die Tomaten waschen, die Kerne entfernen und das Fleisch in kleine Würfel schneiden. Mit Salz und Pfeffer würzen und mit 2 EL Olivenöl vermischen. Den Basilikum in feine Streifen schneiden und unter die Tomaten mischen.
Das Ciabatta in Scheiben schneiden. Die Knoblauchzehen halbieren und das Brot damit einreiben. Mit etwas Olivenöl beträufeln und in einer beschichteten Pfanne anrösten. Die eine Hälfte der Scheiben mit den Zwiebeln und die andere Hälfte mit den Tomaten belegen.

Geröstetes Brot mit Tomaten

ZUTATEN
4 Scheiben italienisches Weißbrot
2 Knoblauchzehen
Olivenöl
4 Rispen Cocktailtomanten
Salz, Pfeffer

Den Ofen auf 180 °C vorheizen. Die Brotscheiben mit der halbierten Knoblauchzehe einreiben und mit Olivenöl beträufeln. Die Cocktailtomaten mit Rispen gut waschen und abtropfen lassen. Auf jede Scheibe eine Rispe legen und 10 Minuten im Ofen backen. Vor dem Servieren mit Salz und Pfeffer würzen.

Pikanter Brotauflauf

ZUTATEN

200 g altbackenes Brot
400 ml Milch
180 g Appenzeller
4 Eier
Salz, Pfeffer, Muskat
1/2 Bund Petersilie
etwas Butter

Das Brot in grobe Würfel schneiden und in eine Schüssel geben. Die Milch erwärmen, über das Brot gießen und gut vermischen. Ungefähr 15 Minuten ziehen lassen.

In der Zwischenzeit den Ofen auf 220 °C vorheizen. Eine flache Auflaufform leicht einfetten. Den Käse reiben und die Eier trennen. Die Eigelbe verquirlen und mit dem Käse unter die Brotmasse mischen. Mit Salz, Pfeffer und Muskat würzen. Die Petersilie waschen, klein schneiden und dazugeben. Alles gut miteinander vermengen.

Das Eiweiß steif schlagen und unter die Masse ziehen. Alles in die gefettete Form füllen und im vorgeheizten Ofen auf der mittleren Schiene ca. 40 Minuten backen.

Schwammerlknödel

ZUTATEN
5 alte Semmeln
1/2 l Milch
Salz, Pfeffer
300 g gemischte Pilze
1 Zwiebel
1 Bund Petersilie
1 EL Butter
2 Eier
Weizenmehl

Die Semmeln in dünne Scheiben schneiden und in eine große Schüssel geben. Die Milch aufkochen, salzen und pfeffern und über die Semmelscheiben gießen. Gut durchmengen und zugedeckt ca. 15 Minuten ziehen lassen.

In der Zwischenzeit die Pilze säubern und klein schneiden, die Zwiebel hacken. Beides zusammen mit der gezupften Petersilie in etwas Butter andünsten. Die Eier verquirlen und zusammen mit der Pilzen-Zwiebel-Mischung unter die Semmelmasse mengen. Alles gut mischen, damit sich die Pilze gleichmäßig verteilen.

Zu Knödeln formen und in Weizenmehl wenden. Salzwasser zum Kochen bringen und die Knödel darin etwa 20 Minuten ziehen lassen. Dabei ab und zu wenden.

Ragout im Brotmantel

ZUTATEN
Brotteig von S. 86, mit halb
Weizenmehl Typ 1050 und halb
Roggenmehl
300 g Karotten
200 g Lauch
1 kg Rindergulasch
4 EL Öl
Salz, Pfeffer
1 Zweig Thymian
1 Eiweiß
1 EL Tomatenmark
2 EL Mehl
1/4 l Rotwein
1/4 l Rinderbrühe
1 Lorbeerblatt
1 Prise Zucker

Den Brotteig nach Anleitung zubereiten, wobei statt des hellen Weizenmehls je hälftig Weizenmehl Typ 1050 und Roggenmehl verwendet wird.
Den Porree und die Karotten säubern und in Scheiben schneiden. Das Fleisch waschen und trocken tupfen. Im heißem Öl anbraten, mit Salz, Pfeffer und Thymian würzen. Mit 2 EL Mehl abstäuben, Tomatenmark zugeben und kurz anschwitzen lassen. Mit dem Wein ablöschen und mit der Brühe aufgießen. Das Gemüse und den Lorbeer hinzugeben und aufkochen. Das Ragout etwas einkochen lassen und dann in eine Auflaufform füllen.
Aus der Hälfte des Brotteiges einen Deckel ausrollen, ca. 2 cm dick. Das Eiweiß verquirlen und den Rand der Form damit einstreichen. Den Teig auflegen und die Ränder fest andrücken. Aus dem restlichen Teig kleine Brötchen formen und beiseite stellen. Das Ragout mit dem Brotdeckel im Backofen bei 150 °C für ca. 50 Minuten backen. Die Brötchen ca. 20 Minuten backen und zum Ragout servieren.

Gebackene Schnitten

ZUTATEN
4 Scheiben Schwarzbrot
1 großes Ei
150 ml Milch
1 Prise Salz
1 gehäufter EL Mehl
1 Prise Muskat
Butterschmalz zum
Herausbacken

Altes Schwarzbrot dünn schneiden. Aus dem Ei, der Milch, dem Salz und dem Mehl einen dünnen Pfannkuchenteig rühren. Die Schwarzbrotscheiben darin eintauchen und in Butterschmalz herausbacken. Rindsuppe erhitzen, klein geschnittenes, gekochtes Rindfleisch hineingeben und die gebackenen Schnitten in den Teller legen. Mit Rindsuppe übergießen und mit Schnittlauch bestreuen.

Strammer Max

ZUTATEN
1–2 Scheiben Bauernbrot
2 Scheiben Schinken
2 Eier
Salz, Pfeffer, Paprikapulver
etwas Butter

Das Brot mit Butter bestreichen und mit Schinken belegen. Die beiden Eier zu Spiegeleiern verarbeiten, mit Salz, Pfeffer und Paprikapulver würzen und über den Schinken legen.

Oliven-Sardellen-Paste

ZUTATEN
200 g grüne Oliven, entsteint
5 Sardellenfilets, 2 EL Kapern
2–3 Knoblauchzehen
4 EL Olivenöl, Salz, Pfeffer
1 EL geröstete Pinienkerne zum
Garnieren

Die Oliven zusammen mit den Sardellenfilets, den Kapern und den abgezogenen Knoblauchzehen im Mixer zerkleinern. Nach und nach das Olivenöl unterrühren, bis eine streichfähige Paste entstanden ist. Mit Salz und Pfeffer abschmecken und mit den gerösteten Pinienkernen bestreuen. (Abbildung oben links)

(Zw)eieraufstriche

ZUTATEN
8 hart gekochte Eier
3 EL Salatcreme
1 TL Kurkuma, 1 Zweig Thymian
1 EL Joghurt
2 EL Saure Sahne
1 EL weiche Butter
1 TL Paprikapulver
Salz, Pfeffer
halbierte Walnusskerne zum
Garnieren

Die hart gekochten Eier klein hacken.
Die Salatcreme mit dem Joghurt und dem Kurkuma in einer Schüssel verrühren. Den Thymian klein hacken und zusammen mit der Hälfte der gehackten Eier untermischen. Mit Salz und Pfeffer abschmecken.
In einer zweiten Schüssel die Saure Sahne mit der weichen Butter und dem Paprikapulver glatt rühren. Die restlichen Eier untermengen und mit Salz und Pfeffer abschmecken.
Mit den halbierten Walnusskernen garnieren.
(Abbildung oben rechts)

Lachspastete

ZUTATEN
150 g geräucherten Lachs
150 g Crème fraîche
2 TL Sahne-Meerrettich
2 EL Sahne
Salz, Zitronenpfeffer

Den Lachs in kleine Stücke schneiden und zusammen mit der Crème fraîche und dem Meerrettich pürieren. Nach und nach die Sahne unterrühren, bis eine streichfähige Masse entstanden ist. Mit Salz und Zitronenpfeffer abschmecken. (Abbildung unten links)

Obatzda

ZUTATEN
200 g Camembert
2 EL weiche Butter
1 rote Zwiebel
1 TL zerstoßenen Kümmel
1 TL Paprikapulver
Salz, Pfeffer
Radieschen zum Garnieren

Den Camembert zusammen mit der weichen Butter in einer Schüssel mit einer Gabel zerdrücken. Die Zwiebel fein hacken und mit den Gewürzen unter die Käsemischung rühren. Mit Salz und Pfeffer abschmecken. Die Radieschen waschen, in dünne Streifen schneiden und über den Obatzden streuen.
(Abbildung unten rechts)

Natursauerteigbrot
mit Krabbensalat

ZUTATEN
20 g Crème fraîche
50 g Mayonnaise
50 g Ketchup
10 ml Cognac
1 Spritzer Zitronensaft
2 TL frischer Dill
250 g Eismeergarnelen
100 g Staudensellerie
25 g Walnusskerne
4 Stängel Kerbel
2 Stängel Blattpetersilie

Crème fraîche, Mayonnaise und Ketchup verrühren und mit Cognac und einem Spritzer frisch gepresstem Zitronensaft abschmecken. Die Cocktailsoße unter die Eismeergarnelen heben, den fein gehackten Dill zugeben und mit etwas frisch gemahlenem Pfeffer abrunden.

Die Walnusskerne im Ofen leicht anrösten und auskühlen lassen. Den Sellerie waschen und in 5 cm lange feine Streifen schneiden. Die Walnüsse zum Sellerie geben und mit etwas Olivenöl, frischem Zitronensaft, Meersalz und frisch gemahlenem Pfeffer abschmecken. Zum Schluss gezupfte Blattpetersilie zugeben.

Den Krabbensalat auf einer frischen Scheibe aran-Sauerteigbrot, das ohne Zusatzstoffe hergestellt wird (s. S. 206), anrichten, obenauf der Selleriesalat und etwas Kerbel.

Natursauerteigbrot mit Rucola-Frischkäse

ZUTATEN

200 g Frischkäse
50 g Schmand
20 ml Sahne
20 g Rucola
2 Stängel Blattpetersilie
1 Spritzer Zitronensaft
1 kleine Knoblauchzehe
5 Kirschtomaten
10 Oliven
20 g Rucola
2 Stängel Blattpetersilie
frisch gemahlener Pfeffer
Meersalz
1 Bund Schnittlauch

Rucola und Petersilie waschen, trocknen, die Stiele entfernen und grob hacken. Frischkäse, Schmand und die flüssige Sahne verrühren. Die Frischkäsemasse leicht würzig mit frischem Knoblauch und Zitronensaft sowie frisch gemahlenem Pfeffer und Meersalz abschmecken. Den grob gehackten Rucola und die Blattpetersilie unterheben und im Kühlschrank gut 15 Minuten ziehen lassen.

Die Kirschtomaten und Oliven vierteln, gewaschenen und gezupften Rucola und Blattpetersilie zugeben und mit etwas Olivenöl, frischem Zitronensaft, Meersalz und frisch gemahlenem Pfeffer abschmecken.

Eine frische Scheibe Sauerteigbrot von einem großen Laib mit dem Rucola-Frischkäse bestreichen und den kleinen Tomatensalat obenauf setzen. Mit fein geschnittenem Schnittlauch garnieren und genießen.

Holzofen-Tradition

Der Holzofen: Tradition und Bauweise

Brote auf glühend heißen Steinen. Das schmeckt noch heute unvergleichlich, denn das Holz entwickelt beim Verbrennen Aromen, die der Stein aufnehmen kann und an das Brot weitergibt. Außerdem sind Steine perfekte Hitzespeicher.

Vor 50 Jahren hatte noch jeder Bauernhof in unserem Tal seinen eigenen Backofen. Vor 15 Jahren schon gab es nur noch eine einzige Bäuerin, die regelmäßig ihr Brot im Holzofen backte. Bei ihr habe ich zum ersten Mal gesehen, wie das geht. Es war Gertraud Lainer. Sie schürte sozusagen als Letzte die Glut. Ganz besonders ihr und allen Eigenbrötlerfreundinnen und -freunden widme ich mit Freude dieses feurige Kapitel.

Ofenformen

Backstangen

Die einfachste Form eines Ofens ist ein flacher Stein im Feuer. Darauf den Teig setzen, backen, fertig. Das bei den Pfadfindern so beliebte Stockbrot ist ebenfalls nicht aufwendig. Feuer machen, Teig um einen Stock wickeln, über dem Feuer drehen, fertig. In Ungarn soll es heute noch das sogenannte Röhrenbrot geben, das vom Prinzip her dem Stockbrot ähnlich ist. Eine leicht konische Form aus Holz, Emaille oder Keramik wird mit Teig umwickelt und auf hölzerne Backstangen aufgezogen. Die Backstangen werden in die Gabeln eines eisernen Feuerbocks gelegt und nun wird das Backgut gedreht wie ein Backhähnchen.

Backglocken

Backglocken waren eine frühe Möglichkeit, einen Innenraum zu schaffen. Das Backgut wurde auf die Herdplatte gelegt und die vorher erhitzte Backglocke darübergestülpt. So konnte man Hitze „einfangen".
Wer sich mit der Entwicklung von Backöfen speziell beschäftigen möchte, dem sei zu diesem Thema das Buch von Claudia Lorenz-Ladener empfohlen.

WENN DER EIGENE BACK-OFEN NICHT DEN IDEALVOR-STELLUNGEN ENTSPRICHT, MUSS MAN SICH HALT AUF IHN EINSTELLEN. NICHTS IM LEBEN IST VOLLKOMMEN!

Direkte Befeuerung

Unsere heutigen Brotbacköfen basieren auf dem Prinzip der gespeicherten Hitze. In einem Hohlraum wird Feuer gemacht. Nachdem es völlig heruntergebrannt ist, wird der Ofen gesäubert, ausgewischt und das Brot wird eingeschossen. Es bäckt nur mit der Hitze, die von den Steinen im Inneren des Ofens abgegeben wird. Dieses Prinzip ist einfach, hat aber den großen Nachteil, dass man nicht zweimal hintereinander Brot backen kann, ohne wieder mit dem Heizen von vorne beginnen zu müssen.

Indirekte Befeuerung

Die Holzbacköfen haben sich weiterentwickelt und man findet heute auch das Prinzip der indirekten Befeuerung. Das Feuer streicht dann um den Backraum herum, der Bäcker spart sich das Ausräumen von Glut und Asche und kann so den Backraum schneller wieder füllen bzw. mit Backgut bestücken, wie es in der Fachsprache heißt.

Der ideale Ofen

Der ideale Brotbackofen hat meiner Meinung nach einen birnförmigen Grundriss (viele Ofenbauer wollen davon nichts wissen, weil es viel mehr Arbeit bedeutet), die Backfläche ist nach hinten leicht angehoben wie eine schiefe Ebene und der Backraum ist gewölbt

und nicht quaderförmig. Selbst mein eigener Ofen entspricht nicht diesen Kriterien, trotzdem backe ich sehr viel mit ihm. Ich habe halt gelernt, mit seinen Fehlern umzugehen. Heute, nach vielen Jahren Backerfahrung, würde ich ihn anders haben wollen. Aber man kann eben nicht alles umtauschen, eintauschen, austauschen, weil man weiß, dass es Fehler und Macken hat, oder?

Backhäuser

Eine der besten Erfindungen zum Brotbacken sind Gemeinschaftsbackhäuser. Dort kann auch in Ruhe Gemeinschaft gepflegt, nicht nur gutes Brot gebacken werden. Erfolg und Misserfolg werden dann zwar öffentlich besprochen … vielleicht nicht für Eigen-Eigenbrötler geeignet, die Gemeinschaft nicht sooo sehr schätzen, aber für die kommunikativen Eigenbrötler durchaus!

Der Wisch

Zu den interessantesten Utensilien rund ums Holzofenbrot zählt der Wisch. Die Kreativität kennt beim Wisch keine Grenzen. Alles, was irgendwie griffbereit ist, kann zum Auswischen des Ofens

VIELE BÄCKEREIEN BE-
SINNEN SICH AUF DIE ALTE
TRADITION UND AKTIVIEREN
IHRE HOLZÖFEN WIEDER.

verwendet werden. Aus meiner Kindheit in Oberösterreich kenne ich noch den Fichtenwisch. Frische Fichtenzweige wurden an eine lange Stange gebunden, in Wasser getaucht und damit das Innere des Ofens gereinigt.

Hier in Rauris schenkte mir Bruno Lainer einen Strohwisch: Langes Roggenstroh ist zwischen zwei kleinen Holzplatten festgemacht, wird ebenfalls in Wasser getaucht und der Ofen damit ausgewischt. In Slowenien sah ich zusammengebundene Maisblätter, im Burgenland Gänseflügel und auf Karpathos band Marina Tschambanakis einen Blumenstrauß, den sie neben ihrem Backofen gepflückt hatte, an einen langen Holzstiel, um damit ihren Ofen zu säubern. So nimmt jeder, was er hat. Natürlich eignen sich auch alte Kleider, ein Tuch … oder eine lange Unterhose. Lustig fand ich, dass so gut wie überall die Öfen nass ausgewischt werden. Nur im Wallis versicherte man mir, so ein Ofen dürfe NIEMALS nass ausgewischt werden, sondern immer nur trocken! Es gehöre so, nicht anders. Das sei Tradition. Dann geht man ein Tal weiter, ein Land weiter – und es ist ganz anders. Kennen wir das nicht auch in anderen Zusammenhängen? Nicht nur, was das Auswischen eines Brotbackofens betrifft?

Der Schießer/die Ofenschüssel

Nach der Form des Brotes sollen Schießer beschaffen sein oder Ofenschüsseln. Lang für lange Brote, rund für runde Laibe, groß für die Großen, klein für die Kleinen, kurze Stiele für kleine Öfen, lange Stiele für lange Öfen. Früher gab es kleine Gewerbebetriebe, die diese Werkzeuge herstellen konnten. Heute kenne ich keinen einzigen mehr, der sich darauf versteht, so etwas aus Holz zu machen, abgesehen von einigen wenigen Holzkünstlern. Na klar, wer braucht denn heute noch einen Ofenschieber? Ein paar Bäckerhandwerksbetriebe, die Wert auf ursprüngliches Handwerkszeug legen und wir Eigenbrötler! Moderne Werkzeuge sind meist aus Aluminium. Sie sind vielleicht haltbarer, aber man braucht Handschuhe, um sich nicht die Finger zu verbrennen.

Trotzdem besitze ich viele verschiedene Ofenschieber. Denn ich hatte Glück: Mein Freund Arnaud erfuhr, dass eine Engländerin ein altes Haus in Burgund kaufte. Es hatte einem alten Ofenschüssel-Hersteller gehört. Die Engländerin hatte keine Ahnung, was für Dinger das waren, diese „Teller", die überall herumstanden. Sie war froh, sie loszuwerden – so kam ich zu meiner stattlichen Sammlung.

KEINE ZWEI SCHIESSER SIND GLEICH. JE NACH OFEN, BROTFORM UND REGION UNTERSCHEIDEN SIE SICH VONEINANDER. EIN GUTER SCHIESSER IST ABER IMMER AUS HOLZ!

EIN MUSS FÜR HOLZOFENBÄCKER: DER HOLZ-SCHIESSER

Die Krücke

Eine Krücke braucht man, um nach dem Backen die Glut und die Asche aus dem Ofen zu räumen und auch, um die Brote im ange- backenen Zustand verschieben zu können. Auch die Krücke ist heute meist nicht mehr aus Holz – schade!

Der Brotstempel

In Griechenland hat sich ein schöner Brauch erhalten. Man bäckt zu Hause ein Brot und drückt darauf einen sogenannten Brot- stempel. Seit dem 5. Jahrhundert trägt er meist eine Aufschrift wie zum Beispiel „Jesus Christus siegt" und ist mit christlichen Symbolen verziert, etwa mit einem Kreuz, Lamm oder Fisch. Bis heute werden in den orthodoxen Klöstern Griechenlands solche hölzernen Brotstempel hergestellt und dann auch im privaten Be- reich verwendet.

Wer selbst kein Brot backen kann oder will, oder keinen solchen Stempel hat, kann ein Brot mit Brotstempel auch kaufen. Als Dank oder als Bitte legt man dieses „Gebetsbrot" dann auf den Altar. Nicht nur zu Ostern, nein, das ganze Jahr über kann man so für etwas danken oder um etwas bitten. Liegt bis zum Samstag kein solches Brot in der Kirche, so backt die Ehefrau des Priesters eines für den Sonntagsgottesdienst.

Wenn mehrere Frauen oder Familien im selben Ofen backen, dann dient der Brotstempel auch als Signatur. Viele Familien haben ei- gene Stempel und wissen so auch nach dem Backen, welches Brot ihnen gehört.

Der Backtrog

Ein Backtrog aus Holz ist nicht nur schön, sondern er ist zudem auch ein guter Nährboden für die Bakterien des Sauerteiges. Die ältesten Backtröge waren halbe, ausgehöhlte Baumstämme. Spä- ter wurden die Backtröge dann von Küfern hergestellt. Sie hat- ten die Form eines umgekehrt trapezförmigen Kastens aus Holz mit etwas schrägen Wänden und mit Griffen, sodass der Trog gut transportiert werden konnte. Damit sich an diesen Trögen gut ar- beiten lässt, stehen sie meist auf einem Gestell. Moderne Alter- nativen zum hölzernen Backtrog sind unattraktive Wannen aus Plastik. Sie haben allerdings den Vorteil, wenig zu wiegen.

DER WISCH KENNT REGIO- NAL VIELE FORMEN. MAL IST ER AUS ZUSAMMEN- GEBUNDENEN ZWEIGEN UND BLUMEN WIE IN GRIECHENLAND, DANN WIEDER AUS GÄNSE- FLÜGELN ODER STROH.

MARINA TSCHAMBANAKIS BINDET EINEN BLUMENSTRAUSS ALS WISCH.

Feste
rund ums Brot

Das Brotfest in Rauris

Lionel Poilâne war der erste Mensch, dem ich 2001 in Paris von meiner Idee erzählte, alle Menschen, die im Holzofen Brot backen, einmal nach Rauris einzuladen. Er lächelte und gab mir Hoffnung, dass er kommen würde – wenn es soweit wäre. Ein halbes Jahr später verunglückte er tödlich.

Es vergingen noch einige Jahre, bis die Zeit für mich reif war, diesen Versuch zu starten. Als ich dann dachte, jetzt müsste es gut sein, fragte ich einen Müller und einen Bäcker (als Vertreter des Handwerks), Freunde aus Deutschland, Tschechien und Österreich (sie sollten die Internationalität symbolisieren), ob sie mit mir auf den Hohen Sonnblick (3105 m) hinaufgehen, in der dortigen Hütte Brot backen und das 1. Internationale Treffen der Holzofenbrotbäcker ausrufen wollten. Das machten wir und riefen es hinaus in alle Himmelsrichtungen! Und siehe da, es klappte!

Aus den heimischen Bergen …

Vermutlich war es das erste Mal, dass sich so viele Brotenthusiasten, Brotfreaks und Eigenbrötler aus der halben Welt an einem Ort trafen. Es waren Bauern, Bäuerinnen, Bäcker, Müller, Holzbackofenbauer, Künstler und viele andere da. Die Liste der Referenten war ziemlich beeindruckend: Apollonia Poilâne, Karl Ludwig Schweisfurth (deutscher Biopionier), Kaspanaze Simma (österreichischer Bergbauer und Selbstversorger, ehemaliger grüner Politiker), Clemens Sedmak (Philosoph, Theologe). Elf Nationen waren vertreten, darunter auch Südafrika, Taiwan, Peru und Madagaskar. Ich hatte bis dahin nicht gewusst, dass sich zum Beispiel auch in Taiwan Menschen für dunkles europäisches Brot interessieren! Es war unglaublich beeindruckend und eine große Freude. Drei Tage dauerte dieses Fest. Insgesamt kamen 3000 Leute, auf 500 hatten wir gehofft. Vierundzwanzig Brotbacköfen stehen derzeit in Rauris. An einigen von ihnen bereiteten die Besitzer mit großem Engagement ein kleines Fest vor. Das war der erste Festtag. Am zweiten folgte das Symposium, am dritten Tag war Markttag. Auf diesen Ansturm von Brotkäufern waren wir nicht gefasst und das Brot war viel zu schnell zu Ende. Mehr als 15 bis 20 Laibe fasst keiner unserer Öfen. Nicht einmal mit Tag-und-Nacht-Backen hätten wir es geschafft, alle Leute zufriedenzustellen. So ist das mit der Versorgung aus „eigenen Mitteln", es reicht für die eigene Familie, aber nicht für so viele Gäste noch dazu!

… hinaus in alle Welt!

Mein großer Wunsch ist es, dass dieses Fest noch einmal stattfindet und sich dann andere Menschen in anderen Ländern bereit erklären, ein derartiges Fest in ihrem Land auf die Beine stellen. Wer wird sich dafür finden?

IN VIELEN RAURISER BACKÖFEN
WURDEN FESTTAGSBROTE GEBACKEN.

Mühlenvielfalt

Es klappert die Mühle …

Wind- und Wassermühlen sind die ältesten Maschinen der Menschheit. Seit mehr als 2000 Jahren vermahlen Menschen damit Getreide zu Mehl, um Brot backen zu können. Mühlen waren schon immer besonders wertvoll. Sie sind das auch heute noch. Moderne Mühlen sind hoch technisierte Produktionsanlagen, ohne die es gar nicht mehr möglich wäre, die große Menschheit zu ernähren. Mit Handwerk hat das nicht mehr viel zu tun. Müller heißen heute Verfahrenstechnologen und müssen eine Menge Technik beherrschen, um Getreide zu allen möglichen Lebensmitteln und zu Futtermitteln fürs Vieh zu verarbeiten.

Als wichtige Station auf dem Weg vom Korn zum Brot sind Mühlen ein fester Bestandteil der Kulturgeschichte. Mühlen haben überall Spuren hinterlassen – dass Müller in Deutschland der häufigste Familienname ist und dass eine lange Reihe von Orten den Hinweis auf ihre Mühle im Namen tragen, sind nur zwei davon. Mühlen sind bis heute Orte von besonderem Zauber. Sie haben den Charakter ganzer Landstriche geprägt.

Die Mühle und ihr Herr

Ohne gute Müller gibt es kein gutes Brot. Dass wir so viele verschiedene Brotsorten und unendliche Variationen von kleinem Gebäck kennen, liegt nicht nur an den verschiedenen Getreidearten und am Boden, der an jeder Stelle ein bisschen anders beschaffen ist. Auch die Müller tragen mit ihrem Wissen und ihrer Kunst dazu bei, dass aus gutem Getreide ein Mehl wird, das sich gut verbacken lässt. Müller können genau beurteilen, wie viel Feuchtigkeit das Getreide enthält, sie kennen den Gehalt an Eiweiß und die unterschiedlichen Eigenschaften von Stärke. Wenn etwas nicht passt, wird Getreide von unterschiedlicher Qualität eben so lange gemischt, bis die Backeigenschaften überall gleich gut sind. Heute helfen dabei computergesteuerte Analysegeräte und Produktionsanlagen. Es gibt strenge Vorschriften zur Lebensmittelsicherheit, die beachtet werden müssen und immer wieder aktuelle Forschungserkenntnisse, mit der sich die Ausbeute aus dem Getreide noch immer weiter steigern lässt.

So wird heute gemahlen

Am Anfang der Mehlherstellung wird das Getreide sorgfältig gesäubert und sortiert. Sand, Steinchen oder Unkrautsamen müssen alle aussortiert werden, das passiert in einem mehrstufigen Prozess, bis nur das pure reine Korn übrig bleibt. Damit sich seine Schale gut lösen kann, wird das Korn mit Wasser elastisch gemacht und dann in mehreren Schritten geschrotet.
Ein sogenannter Walzenstuhl zerkleinert das Korn dann millimetergenau, anschließend wird gesiebt. Dieses Mahlen und Sieben wiederholt sich so oft, bis der Mehlkern ganz aus seiner Schale, der Kleie, gelöst ist. Wenn es so schonend verarbeitet wird, bleiben die Vitamine erhalten und das Mehl lässt sich gut verbacken.

Mittelalterliche Mühlengeheimnisse

Eine moderne Mühle ist natürlich nicht mehr so romantisch wie die historischen von Wind oder Wasser betriebenen Mühlen. Früher wurde in Mühlen hart gearbeitet, aber sie waren auch geheimnisvolle Orte, die den Elementen ganz nah waren. Mühlen galten als Quellen von Reichtum, Fruchtbarkeit und Glück.
Viele sahen Mühlen auch als Orte, an denen finstere Kräften herrschten, und wenn im Mittelalter irgendjemand mit dem Teufel zu schaffen hatte, dann war das nicht selten der Müller.
Mühlen waren wertvoll: Ein Wasserrad mit eisernen Zapfen, ein geschmiedetes Mühleisen und die schweren Mühlsteine, die oft aus speziellen Mühlsteinbrüchen von weit her herbeigeschafft wurden, das alles war für die meisten unerschwinglich. Dazu kam der Grund, den man haben musste – eine Wassermühle zum Beispiel durfte im Mittelalter nur derjenige bauen, der Besitz auf beiden Seiten eines Flussufers hatte. Das waren nicht viele.

Schützendes Recht über der Mühle

Weil sie für alle so wertvoll waren, standen die Mühlen im Mittelalter unter besonderem rechtlichen Schutz. Der „Mühlenfrieden" zum Beispiel schrieb fest, dass Diebstahl, der in einer Mühle entweder an Getreide oder der Mühle selbst begangenen wurde, mit besonders harten Strafen geahndet werden sollte. „Bannrecht" und „Mahlzwang" sicherten der Mühle ihren Wohlstand, denn sie sorgten dafür, dass Konkurrenz ausblieb, und sie banden die Bauern an „ihre" Mühle. Sowohl Klöster als auch große Grundherren hatten solche Bannrechte.

Müller und ihre Söhne

Erst ab dem 12. Jahrhundert wurden Mühlen auch verpachtet. Weil die Pachtverträge oft nur für wenige Jahre abgeschlossen und der Lehnzins dann neu verhandelt oder die Mühle an einen Konkurrenten abgeben wurde, war es war für einen Pachtmüller nicht leicht, zu ein bisschen Wohlstand zu kommen. So viel zu verdienen, dass er sich eines Tages eine eigene Mühle leisten konnte, war ganz unmöglich.

Die Bauern bezahlten dem Müller für das Mahlen ihres Getreides den Mahllohn. Welchen Anteil des Mahlguts sie der Mühle überlassen mussten, legte der Mühlenherr fest. Trotzdem sagte man den Müllern gern nach, den Mahllohn in die Höhe zu treiben oder sogar die Bauern um einen Teil ihres Mehls zu betrügen. Das Müllergewerbe galt nicht zu allen Zeiten als ehrbar.

Der Reichtum großer Mühlen

Wer nicht Pachtmüller war, sondern eine eigene Mühle besaß, dem ging es gut! Eigene Mühlen wurden über Jahrhunderte innerhalb der Familie weitergegeben, immer vom Vater an den Sohn. Der älteste Sohn lernte in den Mühlen der näheren Umgebung und übernahm dann die väterliche Mühle. Seine Geschwister hatten es weniger gut. Sie mussten sich einen anderen Beruf suchen oder sich mit ihrem Erbteil, einer Mitgift oder eigenem Ersparten auf die Suche nach einer anderen Mühle machen. Das dauerte oft viele Jahre – wenn es überhaupt klappte.

Von Wind und Wasser getrieben

Mühlen gibt es so verschiedene wie die Kräfte unterschiedlich sind, die sie antreiben. Die einfachsten und ältesten Mühlen sind Reibesteine, Mahlsteine und Mörser, die man mit der Hand bediente. In der Tretmühle haben Menschen mit ihrer ganzen Körperkraft Mahlsteine in Bewegung gebracht, ganz so, wie es man es heute noch sprichwörtlich kennt. Das war anstrengend und eintönig. Göpelmühlen wurden von Pferden oder Rindern angetrieben. Die Tiere liefen an einer langen Stange, die mit der Hauptwelle der Mühle verbunden war und diese drehte. Die ersten wasser- und windbetriebenen Mühlen waren im Vergleich zu der beschwerlichen Arbeit des Mahlens mit Muskelkraft ein großer Sprung nach vorn. Solche Mühlen wurden mit der Zeit einfach vergessen. Jetzt schätzt man sie wieder mehr und als „Technikdenkmäler" aus einer vergangenen Zeit erzählen sie die Geschichte des Mahlens nicht nur von Getreide. Es gab auch Ölmühlen, Boke- und Sägemühlen, Hammer- und Sensenmühlen … über 180 verschiedene Arten kann man nachweisen.

Pfingstmontag ist Mühlentag

Von den historischen Mühlen sind nur noch wenige in Betrieb, die meisten als Schaumühlen. Seit 1994 stehen diese immer am Pfingstmontag im Rampenlicht der Öffentlichkeit. Pfingstmontag ist Mühlentag! An diesem Tag sind die Wind- und Wassermühlen landauf landab geöffnet. Man kann sie ansehen und feiern, dass es sie noch gibt! Am Mühlentag ist immer jede Menge geboten. Die Mühle zeigt sich von ihrer besten Seite und überrascht ihre Gäste. Kinder staunen beim Selbermachen über die große Anstrengung, die es braucht, um eine Handvoll Mehl zu mahlen. Vor dem großen Mühlstuhl muss man sich fast die Ohren zuhalten – so laut kann er sein. Da wird man ehrfürchtig und freut sich bei der Brotzeit im Mühlenhof doppelt über den sanften Klang von alten Instrumenten, Drehleider, Trommel und Flöte. Auch ein „Mühle auf" – „Mühle zu" auf dem Spielbrett ist schön, wenn man am Mühlentag beisammen sitzt. Mühle zum Anfassen heißt es an diesem Tag und ihren Wert begreifen. Denn nur was man kennt, kann man auch schützen …

WINDMÜHLEN IN EUROPA, IMMER EIN WENIG ANDERS – ÜBERALL GLEICH FASZINIEREND.

Schlusswort

Pain, amour et fantaisie

So nennt sich ein kleines Restaurant in Rouen. Hier begann eine kleine Geschichte und aus dieser kleinen Geschichte wurde eine große, lange Geschichte. Aus dieser großen, langen Geschichte entstand die Liebe zum Brot und aus der Liebe zum Brot entstanden die Reisen und aus den Reisen entstand dieses Buch. Gibt es ein schöneres Lebensmotto als Liebe, Brot und Fantasie? Liebe? Das bedeutet Gemeinschaft, du bist nicht alleine. Brot? Du hast alles notwendige, was Du zum Leben brauchst. Für die notwendigen Dinge ist gesorgt. Und Fantasie? Alles, was Dir fehlt, das zauberst Du mit Deiner Fantasie herbei!

Ich wünsch Euch pain, amour et fantaisie für alle Zeit und überall auf der Welt. Wie sagte Albert Einstein? Fantasie ist wichtiger als Wissen, denn Wissen ist begrenzt.

Vielleicht ist dieses Buch das 100 000. Brotbuch, das jemals auf der Welt über Brot geschrieben wurde. Wichtiger als ein Buch über Brot zu schreiben, ist, Brot zu backen!

In inniger Verbundenheit mit allen Eigenbrötlern im Norden, Süden, Osten, Westen wünsche ich Euch, dass Ihr beim Lesen das Feuer knistern hört, der Duft von frischem Brot in eure Nase steigt, dass ihr Wärme und Geschmeidigkeit des Teiges unter euren Fingern spürt, dass euch Gutes Brot gelingt und ihr es allzeit zur Verfügung habt!

Roswitha Huber, Rauris, im August 2010

LINKS: EIN HOLZOFEN IN RAURIS.
RECHTS: DIE BÄCKERIN UND IHR NACHWUCHS.

Wir danken für die freundliche Unterstützung von:

aran ist das gälische (keltische) Wort für Brot.
Ein Symbol für Ursprünglichkeit, Frische und gesunden Genuss.
Schon die alten Ägypter fanden vor 4500 Jahren heraus, dass ein gesäuerter Teig
das Brot länger haltbar macht und den Geschmack intensiviert. So ist auch Heute
der Natursauerteig die wichtigste Grundlage für die Herstellung unserer Brote.

Itzlinger's Biobäckerei GmbH • Faistenau/Österreich

Literaturverzeichnis

Anderegg, Klaus und Thomas Antonietti: Törbel – eine Kulturlandschaft im Vispertal. Brienz, Schweizerisches Freilichtmuseum Ballenberg, 1987

Boily, Lise und Jean-Francois Blanchette: The Bread Ovens of Québec. Gatineau (Québeck, Kanada), National Museums of Civilization, 1979

Bové, José: Die Welt ist keine Ware. Rotpunkt Verlag, Zürich, 2001

Büskens, Heinrich: Die Backschule. 10. Auflage, Verlag W. Girardet, Essen, 1985

Collister, Linda: Brot backen. Moewig Verlag, Rastatt, 2005

Ebertshäuser, Caroline und Margaretha Stocker: Brot – Symbol für Natur, Leben und Kultur. Eigenverlag, erhältlich über www.hofpfisterei.de

Funada, Eiko: BROT – Teil des Lebens. Mitteldeutscher Verlag, Halle, 2009

Girtler, Roland: Sommergetreide. Böhlau Wien, 1996

Hendricks, Judi: Das Brot des Lebens. Heyne Verlag, München, 2005

Huber, Hans: Die Brotfibel. Naumann & Göbel Verlagsgesellschaft, Köln, 2005

Huber, Roswitha: Das Buch vom Brotbacken, 150 Rezepte und Geschichten, A&M Verlag, Salzburg, 2005

Kaiser, Hermann: Das alltägliche Brot. Über Schwarzbrot, Pumpernickel, Backhäuser und Grobbäcker. Museumsdorf Cloppenburg, 1989

Krieg, Peter: Der Mensch stirbt nicht am Brot allein. Peter Hammer Verlag, Wuppertal, 1984

Kürtz, Jutta: Das Brotbackbuch. Wolfgang Hölker Verlag, Münster, 1983

Küster, Hansjörg, Ulrich Nefzger, Herman Seidl, Nicolette Waechter und Mona Müry-Leitner: Korn – Kulturgeschichte des Getreides. Verlag Anton Pustet, München, 1999

Lorenz-Ladener, Claudia: Holzbacköfen im Garten, Ökobuch Verlag, Staufen bei Freiburg, 1998

Mayle, Peter: Geheimnisse eines französischen Bäckers. Karl Blessing Verlag, München, 2007

Ploner, Richard und Christoph Mayr: Brot aus Südtirol. Verlagsanstalt Athesia, Bozen, 1981

Poilâne, Lionel und Apollonia: Le Pain par Poilâne. Le Cherche Midi Èditeur, 2005

Pollmer, Udo, Cornelia Hoicke, Hans-Ulrich Grimm: Vorsicht Geschmack. S. Hirzel Verlag, Stuttgart, 1998

Rachewiltz, Siegfried de und Brigitte: Tiroler Brot. Tyrolia Verlag, Innsbruck, 1984

Rachewiltz, Siegfried de: Brot im südlichen Tirol. Arunda Verlag, Schlanders, 1981

Schuster, Maria: Arbeit gab's das ganze Jahr. Vom Leben auf einem Lungauer Bergbauernhof, Böhlau Verlag, Wien, 2001

Seligson, Susan: Brot – eine Kulturgeschichte für Leib und Seele. Claassen Verlag, München, 2003

Silzle, Roland und Dieter Ziegler-Naerum: Brotgeschichten aus Hohenlohe. Silberburg Verlag, Tübingen, 2003

Skibbe, Petra und Joachim: Backen nach Ayurveda, Pala Verlag, Stuttgart, 1997

Standl, Josef: … gib uns heute unser täglich Brot. Verlag Dokumentation der Zeit, Oberndorf

Ströck, Gerhard und Jürgen Ehrmann: Brot backen. Kneipp Verlag, Leoben, 2007

Talmon, Bärbel und Kathrin Schweizer: Von Kochen und Essen in alten Zeiten. Brienz, Schweizerisches Freilichtmuseum Ballenberg, 1990

Paczensky, Gert von und Anna Dünnebier: Kulturgeschichte des Essens und Trinkens, Orbis Verlag, München, 1999

Wagenstaller, Annelie: Brot und Heimat, Eigenverlag Wagenstaller, Riedering, 2005

Wirz, Albert: Die Moral auf dem Teller, Chronos Verlag Zürich, 1993

Bildnachweis

Aran: S. 172, 173

Fotolia: U4 re mitte, S. 11 re oben, 13 alle, 14 alle, 15 alle, 16/17, 21, 32/33, 35 li oben, li unten, 43 li oben, re unten, 46 alle, 66 unten, 118/119, 121 alle, 174/175, 177 alle außer li oben, 190/191, 199 li unten

Ferdinand Hötzelhofer: S. 149 alle

Roswitha Huber: S. 147

iStock: Rücken, S. 11 li unten, 29 alle, 31, 35 re oben, re unten, 37 alle, 39 alle, 43 re oben, 57 alle, 66 oben, 67, 177 li oben, 178, 179, 193 alle, 199 alle außer li unten, 204 re oben, 205 li unten

Astrid Kammerer-Schmitt: S. 7 re oben, 117, 122, 123 alle, 124 alle, 125 alle, 126 alle, 128 alle, 130 alle

Klausberger Stadtbäckerei Holsteiner Backwaren: S. 108, 109

Zdenek Koblicek: S. 114 alle, 115, 183

Bildagentuer Look: S. 11 li oben, 45, 61, 65 li oben, 89, 91, 138/139, 142/143

Annette Mäser: S. 137 re unten

Andrea Maurer: U1 re, S. 134/135, 137 re oben, 200/201, 203 li

Wolfgang und Doris Prazak: S. 137 li oben, 184/185, 187 alle, 189 alle

Roberta's: S. 144 oben, 145 alle

Putz/putzwerbung (Tourismusmarketing Bayerischer Wald): S. 8/9

Franz Soukop: S. 203 re

Stockfood: U1 alle außer re, U4 alle außer re mitte, S. 11 re unten, 19, 22 alle, 23 alle, 24/25, 27 alle, 40/41, 43 li unten, 49, 51, 54/55, 58/59, 62/63, 65 alle außer li oben, 68/69, 71, 73 alle, 75 alle, 77 alle, 78/79, 80/81, 83, 85, 86, 87, 92/93, 94, 95, 97, 98, 99, 100, 101, 103, 105, 107, 111, 113, 127, 129, 131, 132, 133, 141 alle, 144 unten, 150/151, 153 alle, 154, 155, 157 alle, 159, 160, 161, 162, 163, 165 alle, 166, 167, 169, 171, 181, 194/195, 204 alle außer re oben, 205 alle außer li unten

TVB Rauris: S. 7 alle außer re oben

Arnaud Vercken: S. 137 li unten

ISBN 978-3-9813104-4-3

Gestaltung und Satz: Paxmann text • konzept • grafik, München

Alle Rezepte dieses Buches wurden mit Sorgfalt zusammengestellt und überprüft.
Eine Garantie kann jedoch nicht übernommen werden.

Printed in Italy 2010

Verlagswebsite: www.d-hverlag.de
Themenwebsite: www.aus-liebe-zum-landleben.de